田中裕明
Hiroaki Tanaka

Compendium
of
Corporate
Law

要説
企業法

神戸学院大学出版会

まえがき

　本書は、法科大学院、会計専門職大学院等の講義の際に作成したレジュメが基になっている。毎年、受講生の声を反映する形で少しずつではあるが、レジュメを改訂してきた。本書に特徴があるとすれば、そのような現場の声を反映した点であろうか。それ以外にこれといった特色はないが、講義の際に気づいた点、反省した点なども本書には盛り込んだ。

　本書は、学部での講義を念頭に置いているので、かなりコンパクトになっている。そのため、繁簡よろしきを得ない嫌いのあることをお断りしておく。何卒、ご寛恕請う次第である。本書のタイトルを「要説」とした所以である。

　本書は、「神戸学院大学出版会設立記念出版補助」を受けた。教科書に対しても補助金申請の対象としてくださった同出版会、および選考委員会に感謝申し上げたい。

　「コロナ禍」で学内外とも閉塞感漂う中、補助金の採択に与ることができたのは、筆者としては、何物にも勝る喜びである。さらに教育、研究に励む所存である。

　また、本書が成るに当たっては、神戸学院大学出版会アドバイザーの奥間祥行氏のご協力によるところが大きい。事前の出版相談から編集に至るまで、微に入り細に入り、同氏のご助言には感謝せざるを得ない。この場をお借りしてお礼申し上げる次第である。

　なお、私事で恐縮であるが、本書を手にすることなく逝ったゼミ生の古川賀子さんに本書を捧げることをお許しいただきたい。

2020 年 11 月 18 日

　　　　　　　　　　　　神戸港に臨むポーアイキャンパス研究室にて

　　　　　　　　　　　　　　　田中　裕明

目 次

「要説　企業法」

第1章

会社とは？

第1節　会社の意義

　会社とは、営利を目的とする社団法人のことである。社団法人とは、人の集まり（団体）—団体を構成する人を「構成員」という—に対して法人格が付与された存在のことである。

　「人の集まり」といっても、団体としての組織・機構を備えていなければならない。また、社団の財産は構成員から独立している。

　法人とは、構成員とは別個独立した権利主体として法的に認められたもののことをいう。また営利とは、事業活動によって利益を上げ、それを団体構成員に分配することをいう。

　ここに「構成員」とは、株式会社の場合を「株主」、それ以外の持分会社の場合を「社員」という。

　■　利益をめざして事業活動を行う形態として、「会社」のほかに、①個人企業（商法4条）、②組合（民法667条）、③匿名組合（商法535条）、④有限責任事業組合（有限責任事業組合契約に関する法律）がある。

　会社法は企業の組織に関する法で、主として経営者と社員（株主）との役割分担、社員（株主）と会社債権者など利害関係者（ステークホルダーという）の利害の調整を図っているが、それ以外にも会社をめぐる多くの利害関係人とそれらの間の調整を行う様々な法律がある。

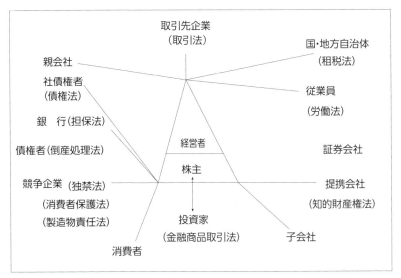

[企業をめぐる利害関係人関係諸法](宍戸善一『ベーシック会社法入門より』)

第2節　会社の種類

　会社法上の会社の種類には次の四つがある。

　株式会社、合名会社、合資会社、合同会社である（会2条1号）。会社法では、株式会社以外の三種類の会社を「持分会社」と総称している（会575条1項）（第8章参照）。

1　株式会社

　株式会社は、各自が持つ株式の引受価額を限度とする「間接有限責任」を負うにすぎない社員だけからなる会社をいう。株式会社の社員は「株主」と呼ばれる。株主は株式の払込みという形で会社に対して出資義務を負うだけで、それ以外は何ら責任を負わない（会104条）。これを「株主有限責任」という。また、ここでいう「間接責任」とは、株主が直接会社債権者に債務を弁済することなく、会社への出資が求められるというだけの責任で、その出資が会社

を通じて会社債権者への弁済に充てられる。

　株主は業務執行には参加しない。このため株主の個性は重視されておらず、持分である株式の譲渡は原則として自由である（会127条）。株式のかかる性質から、大衆資本を集めることができ、株式会社は大企業にも適しており、規模の拡大が可能とされている。

　逆に、小規模会社でも株式会社形態を採用できるように、会社法では規定の整備が図られている。

【特例有限会社】

会社法施行前に施行されていた有限会社法に基づく有限会社は、特例有限会社として現在も存在している。これは、「会社法の施行に伴う関係法律の整備等に関する法律」の2条で、旧有限会社を会社法の株式会社の一種としてその存続を認めるものである。同法3条で、その商号中に有限会社という文字を用いなければならないとしている。特例有限会社が株式会社に移行することもできるが、取締役や監査役の任期に上限がないなど、実際上の使い勝手の良さがあるため、有限会社のままでいるケースも多いようである。

2　合名会社

　合名会社においては、社員はすべて無限責任社員であり、会社の債務について社員は連帯して直接かつ無限の責任を負うことになる（会576条2項・580条1項）。ここで直接責任とは、社員が会社債権者に対して直接債務を弁済する責任のことである。

　社員は原則として業務を執行する権利を有し義務を負う（会590条1項）。そして、業務を執行する社員は原則として会社を代表する権限を有する（会

599 条 1 項)。もっとも、定款で業務執行社員を定めることもできる。その場合、その他の社員は業務執行をせずに、原則として調査権をもつ(会 592 条)。

> 合名会社の業務執行の意思決定については、社員が二人以上ある場合には、定款に別段の定めがある場合を除き、社員の過半数で決定する(会 590 条 2 項)。

合名会社では社員の個性が重視されており、投下資本回収の方法としては、持分の譲渡のほかに退社による場合もある。ただ、合名会社の持分の譲渡は制限されており、社員は他の社員全員の承諾がなければその持分の全部または一部の譲渡を行うことができない(会 585 条 1 項)。定款変更等の重要事項の決定には、社員全員の同意が要求される(会 637 条)。

合名会社は、小規模な家族的な企業には適しているが、企業規模の拡大を目指すには限界がある。

3 合資会社

合資会社では、無限責任社員と有限責任社員があり、前者は合名会社の社員と同じ責任を負う。後者は定款記載の出資の額までを限度に会社債権者に対して直接責任を負う(会 576 条 3 項、580 条 2 項)。合資会社の有限責任社員は、その責任が直接責任であるという点において、株主その他の有限責任社員と異なる。

社員が無限責任社員であるか有限責任社員であるかは、定款記載事項である(会 576 条 1 項 5 号)。有限責任社員の出資の目的・価額または評価の基準も定款記載事項である(会 576 条 1 項 6 号)。なお、有限責任社員の出資は金銭その他の財産に限られる(同条項)。

合資会社における業務執行と会社代表は、合名会社の場合と同様である。

なお、有限責任社員も業務執行権限を有するので、有限責任社員が業務執行に当たり悪意・重過失があったときには、連帯して、これによって第三者に生じた損害を賠償する責任を負う（会597条）。

持分の譲渡については、原則として、全社員の同意が必要であるが（会585条1項）、業務を執行しない有限責任社員の持分の譲渡は、業務を執行する社員全員の同意があればできる（会585条2項）。

合資会社は、いわゆる人的会社に属するものであり、合名会社との差異は社員の一部に有限責任社員が存在するかどうかという点にある。

合名会社と同様に、少人数による共同企業に適する。

4　合同会社

平成17年会社法で創設された新しい種類の会社で（会576条4項）、すべての社員が有限責任社員であり、定款記載の出資の額までしか責任を負わない（会580条2項）。それで、株式会社と同様に、全額出資規制を採用し（会578条）、また種々の会社債権者保護規制を設けている（会626条以下）。

特徴として、会社の内部関係あるいは構成員間の関係では自由な合意に基づく組合的規制がなされるのに対し、外部関係では（前述のように）社員全員が出資を限度とする間接有限責任だけを負う。

合同会社では、社員の責任は間接有限責任であるが、所有と経営は一体となっている。

第2章

株式会社の特色

第1節　会社の法人性

1　会社の法人格

　会社はすべて法人である（3条）。すなわち、会社はその構成員である社員（株式会社の場合は株主）とは別の法主体である。したがって、会社という団体は会社の名の下に権利を持ち、義務を負うことになり、会社の財産・債務は直接社員や会社代表者自身に帰属することにはならない。

　また、訴訟においても、会社の名で訴えたり訴えられたりすることになる（なお、580条1項および609条1項参照）。

　会社の法人格取得については、会社は準則主義の採用により、行政官庁の許可等を得なくとも、法定要件を満たせば法人格を取得できる。

2　会社の権利能力

　会社の定款には目的が記載されている（27条1号）。この目的について、民法34条によれば、法人は法令の規定に従い、定款その他の基本約款で定められた目的の範囲内において権利を有し義務を負うとされる。したがって、会社も目的の範囲内で権利を有し義務を負うことになる。しかし、ある会社の行為が目的の範囲外であるという理由で、会社の権利能力が否定され無効となると、取引の安全が害されることにもなる。そもそも会社の行為が目的の範囲内であるか範囲外であるか、はっきりしない場合も多い。

　そこで判例は、取引の安全を図るために目的の範囲を広く解し、客観的・抽象的にみて目的遂行に必要な行為も目的の範囲に含むとしている（最判昭和27年2月15日民集6巻2号77頁、最大判昭和45年6月24日24巻6号625頁）。したがって、会社の行う慈善事業への寄付や政治献金も目的の範囲内の行為とされる。

　この結果、会社の権利能力が定款所定の目的によって制限されるとする「制

限肯定説」と制限されないとする「制限否定説」とも、結論には実質的に差異はないといえる。

【学説】制限肯定説と制限否定説

会社の事業目的は、会社財産の使途を制限することにより、出資者を保護し、ひいては会社債権者を保護する機能を有するとされ、登記事項とされている（会911条3項1号、912条1号、913条1号、914条1号）。

　会社がこの目的の範囲外の行為をした場合、民法34条の規定が会社に適用ないし類推適用されるか、が問われる。

　民法34条は法人一般に妥当する通則であり、会社は一定の目的達成のために設立された人格者であるから、その目的の範囲内で権利能力を有するなどの理由により、民法34条の適用を認めるのが判例であり、通説である。したがって、この立場によれば会社の目的範囲外の行為は無効とされる。

　しかし、判例・通説は、目的による権利能力の制限を認めつつ、その能力の範囲を拡大する方向をとり、目的それ自体に限定せず、目的遂行に必要なすべての行為をも包含するとしている。したがって、実際上、目的の範囲外と判断されることによる不当な結果を招く事態はほとんどなくなっている。

　他方、目的による制限を否定する有力説によれば、民法34条は公益法人に適用され、会社への適用はないとし、同条は会社の代表機関の権限を内部的に制限する趣旨であると解する。したがって、会社の目的外の行為は、会社の代表機関がその権限内においてした限り、会社の行為として有効とされる。

会社の権利能力については、このほか、会社は自然人に特有な身体生命に関する権利および身分法上の権利（親族・相続権など）を享有することができない（性質による制限）。また、法律上、会社は株式会社の取締役、監査役、執行役、清算人になることができない（法令による制限）。

3　法人格否認の法理

上述のような法律関係の処理における便宜などの理由から、団体にも権利・義務の帰属主体となる資格が認められるわけである。これを義務の面についてみれば、法律関係から生じる義務は法人に帰属し、責任も法人に帰属する財産を限度として負担するだけでよく、その構成員には責任は及ばないことを意味する。そこで法人制度を悪用することも考えられる。

この法人制度の悪用に対処するには、当該法律関係において法人格を否認し、その背景にある者との関係において法律関係を形成することが適切である。このような考え方を「法人格否認の法理」と呼んでいる。最高裁もこの法理を認めている（最判昭和44年2月27日民集23巻2号511頁）。以下、主な事例を紹介する。

①法人格の形骸化事例

　法形式上は会社であるが、その実質はまったくの個人企業である実情の下では、これと取引する相手方は、会社名義でなされた取引であっても、会社という法人格を否認して、その取引を会社の背後者である個人の行為と認めてその責任を追及することができる（前掲最判昭和44年2月27日）。

②法人格の濫用事例

　旧会社の債務の免脱を目的として旧会社の営業財産を流用し、商号や代表取締役や営業目的などが旧会社と同一の新会社を設立した場

合は、会社制度の濫用であって、会社は取引の相手方に対して信義則上、新旧両会社が別人格であることを主張できず、相手方は新旧両会社のいずれに対しても責任を追及できる（最判昭和48年10月26日民集27巻9号1240頁）。

③親子会社事例

親会社が子会社の全株式を保有し、親会社が子会社の企業活動を現実的・統一的に管理支配していた場合には、子会社の従業員は子会社の倒産による未払い賃金について親会社に請求することができる（仙台地判昭和45年3月26日労民21巻2号330頁）。

なお、法人格否認の法理は、取引の相手方を保護するためのものであるから、法人格を否認される会社が自らの有利のためにこれを主張することは許されない（東京高判昭和51年4月28日判時826号44頁）。

第2節　会社の営利性

会社は事業を行い、それによって得た利益を出資者である構成員（社員）に分配することを目的とする団体である。会社の営利性をこのように解するのが通説であり、一般社団法人及び一般財団法人に関する法律、民法33条2項の定める営利性の概念とも一致する。この点、商人概念の構成要素（商4条1項参照）としての営利性は、通常はその商人が利益を得ることを目的として対外的活動をするという意味であり、会社の営利性（すなわち、構成員への分配）とは異なる。

会社法は、改正前商法52条および旧有限会社法1条のように、会社は営利を目的とする社団であると明定していないが、株主の剰余金分配・残余財産分配請求権を認め、その全部を与えない旨の定款規定は無効としている（105条）ことから、会社の営利性を維持している。

個人企業であれ会社企業であれ、企業の本質が営利である以上、会社の営利性は、会社の会社法上の要件であると解すべきである。

また、会社がその事業としてする行為およびその事業のために行う行為は商行為とされている（5条）。この点、会社は事業を離れて行為する余地はあるのか、すなわち会社の行為で商行為とならないものがあり得るのか争われている。判例によれば、会社は自己の名をもって商行為を業とする者として、商法上の商人に該当し（商4条1項）、その行為は事業のためにするものと推定される（商503条2項）（最判平成20年2月22日民集62巻2号576頁）。したがって、商行為性を争う者が、当該行為が当該会社の事業のためにするものではないこと、当該会社の事業と無関係であることを主張・立証しなければならない。

第3節　会社の社団性

平成17年改正前の商法旧52条、有限会社法旧1条では、会社は営利を目的とする「社団」であるとされていた。現行会社法は、この「社団」性を明示する規定を削除した。

社団とは、複数人の結合体を意味する。これは、法律上の概念としては、組合に対立するものであるが、組合は、組合員の個性が尊重され、組合員相互の関係は契約関係として結合する団体である。一方、社団は構成員の個性は重視されず、構成員は団体と構成員である社員との関係によって間接的に結合する団体である。

従来の通説は以上のように述べてきた。しかし現実の団体をみると、このような区別が当てはまらないものも少なからずある。例えば、合名会社は社団とされているが、実質は「組合」に近いものといえるし、「社団」は人の集まりとしながらも、社員が一人でも会社は設立することができ存続するものとされた。こ

れを一人（いちにん）会社という（合資会社の場合は有限責任社員と無限責任社員の存在が前提となる）。実際上も、社団に関する法律関係は個別に法律で規定されているので、会社法においてとりたてて社団性を論じる必要性はなくなったといえる（それで明文が削除されたと考えられる）。

【一人会社】

　上述のように、従来、社団は複数の構成員の存在を前提として考えられていたため、株主や社員が一人である株式会社・持分会社の存在に疑問が呈せられていた。しかし現行法上、一人会社であっても株主や社員が複数になる可能性があることから（これを、「潜在的社団性」という）、社団性が認められている。

第3章

株式会社の設立

第1節 総 説

1 設立の意義・種類

株式会社の設立とは、株式会社という一個の法人を成立させる手続をいう。

株式会社の設立については、法定の設立手続が完了したときに法人の成立が認められる「準則主義」が採用されている。

団体としての会社の実態は、会社の根本規則である定款の作成、出資者の確定、会社機関の具備、会社財産の形成によってできる。会社法では、定款に設立の際に出資される財産の価額またはその最低額を定めれば足りるとされている（会27条4号）。

株式会社の設立には、設立に際し発行される株式の全部を発起人が引き受ける「発起設立」（会25条1項1号）と、設立に際し発行される株式の一部につき発起人以外の引受人を募集する「募集設立」（同2号）の二種類がある。募集設立は大規模な会社を設立する場合に適しているが、株主の募集や創立総会の手続を経なければならない点で、発起設立よりも煩雑である。

2 発起設立の手順

① 定款の作成（会26条）と公証人による認証（会30条1項）

② 定款に定めがない株式発行事項の決定（会32条）

③ 発起人による株式全部の引受け（会25条2項）

④ 発起人による引受株式に応じた出資金の払込み（会34条1項）

⑤ 発起人による設立時取締役等の役員の選任（会38条・47条）

⑥ 設立時取締役等役員による設立手続の調査（会46条）

⑦ 設立の登記（会911条1項・49条）

3　募集設立の手順

　募集設立の場合、上記の発起設立の各手順に、それぞれ③発起人による株式一部の引受および引受人（株主）の募集（会57条）、④発起人・引受人による出資金の払込み（会34条・63条）、⑤創立総会の開催（会65条以下）、⑦の前に創立総会への報告が必要になる（会87条）。

第2節　設立の手続

1　定款の作成

　発起設立・募集設立いずれの場合も、株式会社設立の第一歩は発起人による定款の作成である（会26条1項）。発起人とは、会社設立の企画者として定款に署名または記名捺印（電子署名を含む）した者をいう（大判昭和7年6月29日民集11巻1257頁）。したがって、署名していない者は設立に関わっていても発起人ではない。ただし、募集設立においては擬似発起人としての責任を負う場合がある（会103条2項）。定款の作成とは、株式会社の組織と活動についての根本規則を確定して、書面として作成することである。定款の記載事項としては、以下のように絶対的記載事項、相対的記載事項および任意的記載事項がある（会27条〜29条）。

①　絶対的記載事項　　　定款に絶対に記載すべき事項で、記載を欠くと定款が無効となる。会社の目的、商号、本店の所在地、設立に際して出資される財産の価額またはその最低額、そして発起人の氏名または名称および住所、さらに発行可能株式総数（授権株式数）がこれにあたる（会27条）。

②　相対的記載事項　　　記載しなくても定款の効力に影響しないが、記載しないとその事項の効力が認められないものである（会29条参照）。とくに重要なのが変態設立事項（特定の発起人だけの利益になりうる事項。会28条）である。

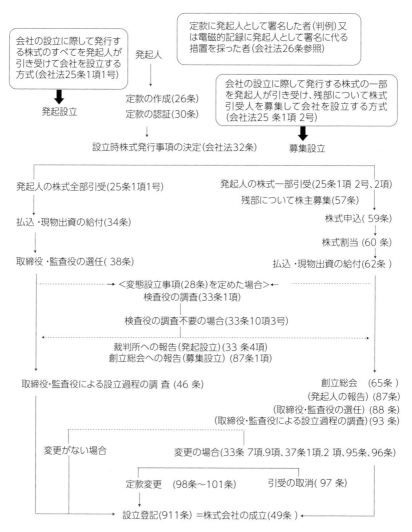

③　任意的記載事項

　定款外で定めても効力をもつ事項をいう（会29条）。これは、定款で定めると明確性が高まるとともに、その変更には定款変更手続きが必要になるという効果がある。

【変態設立事項】

　これについては、原始定款（＝公証人の認証を受ける対象となる定款）で定め、原則として裁判所選任の検査役の調査を受け、不当とされた場合には裁判所が定款変更をするか（発起設立の場合）、創立総会が定款変更をすることができる（募集設立の場合）。会社法28条には以下のものが定められている。

①現物出資　　　金銭以外の財産による出資で、発起人のみが行うことができる。目的物が過大に評価されて不当に多くの株式が与えられると、金銭出資をした他の株主との間で不公平となるおそれがあるので、規制されている。現物出資者の氏名、名称、出資の目的財産、その価額、これに対して与える株式の種類、数を定款で定める。

②財産引受　　　これは、発起人が会社のため会社の成立を条件として特定の財産を譲り受ける旨の契約をいう。財産引受は現物出資の場合と同じ弊害のおそれがあるため、設立時に限り、現物出資と同じ厳格な規制が設けられている。すなわち、譲渡の目的財産、その価額、譲渡人の氏名・名称を定款で定めなければならない。

　財産引受につき、発起人の権限との関係では、財産引受のうちで開業準備行為（会社成立後、すぐに事業を行えるように、土地・建物等を取得したり、原材料の仕入れや製品の販売網を確立しておくなどの行為）に当たるものは、i）本来、発起人の権限に属さないが、法はこれをその重要性に鑑みてとくに厳格な制約を設けたとする見解（多数説・判例）と、ii）本来、発起人は開業準備行為をすることができ、法は財産引受についてはその濫用防止のためにとくに厳格な制約を設けたと解する見解がある。ii）の見解によると、発起人がした開業準備行為のすべてに成立後の会社は拘束されることになる。

違法な財産引受については、上記i)、ii) いずれの見解によっても無効である。成立後の会社は、その財産の取得手続を踏めば無効の財産引受を追認できるかについて、判例はこれを否定する（最判昭和28年2月3日民集7巻12号1299頁）。

なお、事後設立（会社成立前から存在する財産で事業のために継続して使用するものを会社成立後2年以内に純資産額の20%超にあたる対価で取得すること。会467条1項5号）についての制約も、財産引受と同趣旨の規制である。

③発起人の報酬・特別利益

④設立費用　　　発起人が会社設立のためにした権限内の行為により支出した費用をいう。事務所の賃借料、株式の募集広告費用などが当てはまる。設立費用については、定款で定めた額の範囲内で発起人は会社に求償できる。

法定要件を欠く設立費用が成立後の会社に帰属するのか、発起人に帰属するのか争いがある。判例は、設立費用が定款に記載され、かつ、検査役の調査を通った限度において会社が第三者に対し債務を負担するが、これらの要件を満たさない債務は発起人が負担する、と解する（大判昭和2年7月4日民集6巻428頁）。学説の「発起人全額負担説」は、設立費用から生じた債務はすべて発起人に帰属し、発起人は法定手続を経た設立費用の額の範囲内において会社に求償できるにすぎないとする。他方、「会社全額負担説」によれば、設立費用から生じた債務はすべて会社の成立によってすべて会社に帰属し、債務の額が法定の手続を経た設立費用の額を超えるときは会社は発起人に求償できる、とする。

2 株式発行事項の決定と株式の引受け

① 株式発行事項の決定　　これは会社設立時の定款記載事項の合理化を図るものである。設立の際の株式に関する事項のうち、設立に際して出資される財産の価額またはその最低額は定款で定める必要があるが（会27条4号）、それ以外は、定款外で適宜決定してもよく、原則として発起人の多数決で決定することができる。

ただし、次の3つは発起人全員の同意で決めなければならない。

i）発起人が割当てを受ける設立時発行株式の数

ii）i）の設立時発行株式と引換えに払い込む金銭の額

iii）成立後の株式会社の資本金・資本準備金の額に関する事項（以上、会32条1項）

② 株式の引受け

発起設立の場合、設立時発行株式は、発起人がその全部を引き受ける。発起人は出資の履行をすれば、会社成立時に株主となる。募集設立の場合、まず、設立時発行株式の一部を発起人が引き受ける。そして、発起人が引き受けた残りの株式について、発起人が株主を募集する（会57条1項・2項、58条）。募集に対して申し込み（会59条、61条）があると、割当て（会60条、61条）がなされ引受けが確定し（会62条）、引受人は払込みをすると（会63条、64条）、会社成立時に株主となる（会102条2項）。

株式の申込みが他人名義でなされた場合、実際に申込みをした者が実質上の引受人・株主となる（実質説。最判昭和42年11月17日民集21巻9号2448頁）。もっとも、会社は名義人を引受人・株主として取り扱えばよく、実質上の株主がその地位を会社に主張するためには名義書換えをしなければならない（会130条）。

定款は、本店および支店に備え置き、発起人・株主・会社債権者の閲覧・謄写に供する（会31条1項・2項）。親会社の株主等も、権利を行使するため必要があるときは、裁判所の許可を得て、閲覧・謄写の請求をすることができる（会31条3項）。

3　設立時取締役・設立時監査役等の選任

設立時取締役とは、会社の設立に際して取締役となる者をいう。設立時監査役その他も同様である。発起設立の場合、発起人は1株につき1議決権を有し、その議決権の過半数で設立時取締役・設立時監査役等を選任する（会38－45条）。募集設立の場合、創立総会で設立時取締役・設立時監査役等を選任する（会88－92条、39条）。

取締役会設置会社の場合（指名委員会等設置会社を除く）、設立時取締役は、設立時取締役（設立しようとする株式会社が監査等委員会設置会社である場合、設立時監査等委員である設立時取締役を除く）の中から設立時代表取締役を選定しなければならない（会47条1項）。

4　出資の履行による会社財産形成と株主の確定

①　出資の履行　　　発起人は、設立時発行株式の引受後遅滞なく、その引き受けた設立時発行株式について、出資に係る金銭全額の払込みをしなければならない（全額払込主義）（会34条1項）。この払込みは発起人が定めた払込取扱銀行等の払込取扱場所においてしなければならない（同条2項）。募集設立の場合の募集株式の引受人は、発起人が定めた払込期日または払込期間中に、引き受けた株式につき全額の払込みをし、また現物出資の場合はその全部の給付をしなければならない。

出資の履行がなされない場合、迅速な設立を認めるため失権が認められる

（会36条・63条3項）。発起人のうち出資を履行していない者がある場合、発起人は、当該発起人に対して、期日を定め、その期日までに当該出資の履行をしなければならない旨、当該期日の2週間前までに通知しなければならない（会36条1項・2項）。当該発起人が当該期日までに出資を履行しないときは、株式引受人の地位を喪失する（同条3項）。この場合においても、他の発起人の出資により定款所定の設立時の出資の最低額が確保されているときは（会27条4号）、設立手続を進行することができる。発起人は1株以上引き受けなければならないので（会25条2項）、特定の発起人の引受株式のすべてが失権するときは、設立手続を進めることはできない。

【仮装の払込み】

　会社財産の払込みは、現実に、確実になされる必要がある。会社財産を実質的に空洞化するような払込みは無効となる。その形態として「預合（あずけあい）」と「見せ金」とがある。

i）預合　　　発起人が銀行と示し合わせ、帳簿上で借入をし、それを払込みに当てる形をとるとともに、この借入金を返済するまでは預金を引き出さないことを約束する行為をいう。銀行からの借金をそのまま会社に出資する財産としているにすぎないので、会社財産はゼロに等しいため払込みとしては無効となる。募集設立での募集株式の払込みについては、払込取扱機関が払込金保管証明書を交付すると、その証明した金額については、成立後の会社に対し払込みがなかった等の主張をすることができなくなる（会64条2項）。預合をした発起人は預合罪に、預合に応じた銀行は応預合罪に問われ、刑事罰が科される（会965条）。

ii）見せ金　　　発起人が払込取扱機関以外の者から実際に借り入れた金銭を株式の払込みに当て、会社成立後それを引き出して借入金の返済

に充てることをいう。現実に金銭の動きがあり、払込みがなされている点で預合とは異なるが、会社に払い込まれた資金がすぐに借金の返済に消えてしまうので、払込みとしては無効と解される。

【仮装払込みによる募集株式の発行等】

　募集株式の払込みが仮装された場合には、払込金額の払込みを仮装した引受人が、仮装した払込金額の全額の支払義務を負うものとされている。この義務を免除するには、総株主の同意を要するものとされている。

　また、会社側で仮装に関与した取締役等も、同様の支払義務を負うものとされている。取締役等は、その職務を行うについて注意を怠らなかったことを証明すれば免責されるが、自ら仮装を行った取締役等については、このような免責は認められないものとされている。これらの義務が履行されるまでの間は、募集株式の引受人は、出資の履行を仮装した募集株式について、株主の権利を行使することはできないものとされている。他方、当該募集株式の譲受人は、悪意または重過失の場合を除き、株主の権利を行使することができるものとされている。

　以上の規律は、設立時発行株式の発行や募集新株予約権の発行および行使についても、同様に設けられている（52条の2、102条の2、213条の2、213条の3、286条の2、286条の3）。

---

　② 変態設立事項の調査　　変態設立事項がある場合には、発起人の請求に基づいて裁判所が選任した検査役の調査を必要とするのが原則である（会33条1項）。ただ、この検査役による調査は、（a）定款で定めた価格の総額が500万円を超えない場合（同条10項1号）、（b）市場価格ある有価証券（証券取引所の上場株式だけでなく店頭登録も含む）の場合に定款

に定めた価格が市場価格を超えないとき（同項2号）、(c) 定款で定めた事項が相当であることにつき弁護士、弁護士法人、外国法事務弁護士共同法人、公認会計士、監査法人、税理士または税理士法人の証明（不動産の場合には不動産鑑定士の鑑定評価）を受けたとき（同項3号）は、調査は不要である。

③　設立経過の調査　　会社法は、会社の設立にあたっては、出資が確実になされているかを確認するように、関係者に義務づけている。発起設立の場合には、設立時取締役・設立時監査役が、発行価額全額の引受け・払込みと現物出資全部の給付があったかどうかを調査する。法令違反などの不正の事実があった場合には、各発起人に通告しなければならない（会46条1項・2項）。

　募集設立の場合に招集される創立総会では、まず、発起人が設立の経緯を報告する（会87条）。そして設立時取締役等を選任する（会88条）。その後、設立時取締役等は発行価額全額の引受け・払込みと現物出資全部の給付があったかどうかを調査する（会93条1項・94条）。創立総会には、設立時取締役等による調査の結果、変態設立事項の検査役の報告・弁護士等の証明資料・鑑定資料が報告される（会87条2項・93条2項）。創立総会は、変態設立事項を不当と考えたときは、これを変更することができ（会96条）、その変更に服さない出資者は株式引受けを取り消すことができる（会97条）。

　さらに、招集通知に記載または記録がなくても、定款変更や設立廃止を決議することができる（会73条4項）。設立廃止が決議されたときは、会社不成立となる。

　創立総会の決議は、その創立総会において議決権を行使することができる設立時株主の議決権の過半数であり、出席した当該設立時株主の議決権の3分の2以上に当たる多数決で行う（同条1項）。

5　設立の登記

　会社は、その本店所在地において設立の登記をすることによって成立する（会49条）。会社の成立によって、発起人および募集設立の場合の設立時募集株式の引受人は、設立時発行株式の株主となる（会50条1項・102条2項）。

　登記事項は会社法911条3項に定められている。例えば、会社の目的（1号）、商号（2号）、本店および支店の所在場所（3号）、会社の存続期間または解散の事由についての定款の定めがあるときの当該定め（4号）、資本金の額（5号）、発行可能株式総数（6号）、発行する株式の内容（7号）、単元株式数についての定款の定めがあるときの当該単元株式数（8号）、発行済株式の総数ならびにその種類および種類毎の数（9号）、株券発行会社であるときはその旨（10号）、取締役の氏名（13号）、代表取締役の氏名および住所（14号）、取締役会設置会社であるときはその旨（15号）などである。

　なお、会社成立後、もしくは創立総会における議決権行使後は、設立時発行株式ないし設立時募集株式の引受けについて、錯誤による無効、詐欺もしくは強迫に基づく取消は、認められない（会51条2項・102条5項・6項）。また、会社成立前の株式すなわち株式引受人の地位を「権利株」というが、その譲渡を自由に認めると手続が複雑で迅速な設立を阻害するおそれがあるので、その譲渡は当事者間では有効であるが、会社には対抗できない（会35条・63条2項）。そして、会社が成立すると、株券発行会社は、株券が発行できるようになるが、そのほかに株主の利益のために遅滞なく株券を発行しなければならないのが原則である（会215条1項）。

第3節　発起人組合と設立中の会社

　会社設立の過程で、発起人が複数いる場合には発起人間では契約を締結し、会社の設立を目的とした組合を形成するものと観念される。この組合を「発起人組合」と呼ぶ。発起人組合は会社が成立すれば解散する。発起人は組合契約において、設立する会社の中身を決めていき、また組合契約の履行として定款を作成したり、株式引受やその他設立事務を行う。発起人の行為は、発起人組合の組合員としての行為をすると同時に、後述の設立中の会社の機関としての行為としても位置づけられることが多い。

　発起人が行った取引の法律効果が成立後の会社に帰属するとするための法的構成として、設立過程にある会社を「設立中の会社」という概念でとらえようとするのが、現在の通説である。設立登記前の会社はまだ権利能力を有しないので、形式的には、発起人が会社設立のために取得・負担した権利義務は発起人に帰属するはずである。しかし、会社が成立すれば、会社設立中の法律関係のすべてがそのまま成立した会社の法律関係となる。かかる法律関係の変動を説明するために「設立中の会社」という概念が使われるのである。

　この場合、発起人は設立中の会社の機関として、開業準備行為などの行為を行う。また、設立中の会社は権利能力のない社団であり、成立後の会社とは実質的に同一のものであるとされている（同一性説）。

　【両者の関係】　　　上述のように、発起人組合としての組合契約の履行行為は、同時に設立中の会社の活動としての意味も有することが多い。いずれにせよ、発起人がその権限内でなした対外的行為は、設立中の会社の名でしたものも、発起人組合の名でしたものも、会社が成立すれば当然にその権利義務は会社に帰属すると解すべきである。

なお、発起人が行った取引の法律効果が成立後の会社に帰属しない場合、取引の相手方に対する当該発起人の責任が問題となる。判例は、発起人が成立した会社の代表取締役と称して契約を締結した事案で、無権代理人に関する民法117条の類推適用という法律構成をとった（最判昭和33年10月24日民集12巻14号3228頁）。

第4節　会社設立の無効・会社不成立

1　会社設立の無効

　設立登記が行われて会社の成立に至っても、設立が無効とされる場合がある。例えば、①定款の絶対的記載事項に関して違法がある場合、②定款が公証人の認証を受けていない場合、③設立時発行株式に関する事項の決定に発起人全員の同意が得られていない場合、④募集設立において創立総会が開催されていない場合などである。

　会社の設立が無効であれば、誰でも、いつでも無効であることを主張できるというのが原則であるが、設立登記をしていったん成立するに至った会社においては、多数の利害関係者のもと複雑な法律関係が形成され得るので、法的安定性が害されることを避けるため、会社法は「設立無効の訴え」という制度を設けて、無効の主張や効果を制限している。その要件は次の通りである。

　①会社成立の日から2年以内の、株主、取締役または清算人（監査役設置会社では監査役、指名委員会等設置会社では執行役を加える）による訴えをもってのみ、無効を主張できる（会828条1項1号・2項1号）。

　②訴えの濫用に対する懸念などから、被告の申立てにより、裁判所は、原告に対して相当の担保を立てるべきことを命じることができる（会836条1項）。また、訴えの管轄（会835条）、複数個の訴えの場合における弁論および裁判の併合（会837条）が定められている。

③無効を認める判決が確定した場合、裁判所書記官は、職権により遅滞なく、登記所に対してその登記の嘱託をしなければならない（会937条1項1号）。当該確定判決は、第三者に対してもその効力を持つ（会838条）（対世効）。当該判決の効力は、将来に向かってのみ認められ（会839条）、遡及効を持たない。

④原告が敗訴した場合において、悪意または重大な過失があった原告は、被告に対して、連帯して損害賠償責任を負う（会846条）。

2 会社の不成立

会社は設立登記により成立する（会49条）が、会社の不成立とは、何らかの事情により設立登記に至らない場合をいう。例えば、創立総会において設立廃止の決議がなされた場合（会66条）などが、当てはまる。

会社不成立の場合、設立無効の訴えによるまでもなく、誰でも、いつでも会社が存在しないことを主張できる。会社不成立の場合、設立に関する取引行為については発起人全員の連帯責任となり、発起人が会社の設立に関して支出した費用については、全額発起人の負担とする（会56条）。これは、設立中に会社と取引をした債権者を保護するだけでなく、発起人が設立のため支出した費用を株式引受人に分担させることを禁じて、株式払込人が払込の返還を受けることを保障する趣旨に出たものである。

【会社の不存在】　設立登記をしないで会社として活動している場合や、設立登記はあるが設立手続きをまったく踏んでいない等、設立手続きの外形が存在しないような場合、その会社は存在しない。会社の不存在は、誰でもいつでも主張することができる。

第5節　発起人等の責任

　会社法は、会社の設立に関して不正を防止して、投資家や債権者を保護するために罰則規定を置いている（会960条以下）。かかる刑事責任以外に、発起人や設立時取締役等に対し民事責任を課している。

1　任務懈怠責任

　発起人・設立時取締役・設立時監査役は、会社に対して任務懈怠の責任を負う（会53条1項）。この責任は過失責任である。任務懈怠につき悪意または重過失があるときは第三者に対しても連帯して損害賠償責任を負う（同条2項・54条）（なお、会429条1項参照）。

2　現物出資・財産引受の不足額填補責任

　現物出資または財産引受の対象となった財産の会社成立当時の実価が定款で定めた価額に著しく不足する場合には、発起人と設立時取締役はその不足額を会社に支払う義務を負う（会52条1項）（連帯責任で過失責任）。

　ただし、現物出資者または財産の譲渡者である場合を除いて、発起人と設立時取締役は、発起設立の場合は、①その現物出資または財産引受事項につき検査役の調査を受けたとき、および②無過失を立証したときは、この責任を免れる。募集設立の場合は、前記①のときに限り、同様とされる（同条2項・103条1項）。

　なお、現物出資・財産引受事項につき証明・鑑定評価をした者も不足額支払義務を負うが、無過失を立証した場合は責任を免れる（会52条3項）。

3　擬似発起人の責任

　定款に発起人として署名しない者は発起人ではない。しかし、株式募集に

関する文書に賛成人・創立委員等として自己の氏名を掲げることを承諾した者
は擬似発起人として発起人と同様の責任を問われる（会103条4項）。これは、
禁反言の法理または権利外観法理に基づく責任とされる。

4　発起人等の責任に関する特則

　会社に対する責任の実現につき、会社法上以下のような特則がある。すな
わち、①上述の責任は総株主の同意を得ない限り免除されない（会55条）。
②発起人の責任追及については株主に代表訴訟提起権が認められている（会
847条3項）。

第4章

株式および株主の権利

第1節　株式の意義

　株式とは、株式会社の構成員（社員）としての地位のことをいう。株式会社の社員を株主と呼ぶ。

　※　これに対して、持分会社の社員の地位のことを持分と呼ぶ。

　株式は細分化された割合的単位の形をとる。これは、個性のない多数の者が株式会社に参加できるようにするための法的技術であり、株主の株式会社に対する法律関係を明確にするためのものである。

　例えば、発行済株式総数1万株の会社において、2000株を有する株主は、その会社に対して5分の1の持分を有しているといわれる。この株主は、例えば株主総会では総議決権の5分の1を有するし、会社が剰余金の配当（いわゆる利益配当）を行うときは、総配当金額の5分の1を受領することになる。また、もしこの株主が保有株式のうち1000株を他人に譲渡したら、以後はこの株主と譲受人とは、それぞれ会社に対して10分の1ずつの持分を有することになる（もっとも、この例は原則論である）。

　要するに株式も持分も、財産的価値を有する、会社に対する権利義務関係の総体として認識される。

第2節　株主の会社との関係

　株主の地位についてもう少し述べる。

　株式会社の運営に参加できる権利を有するのは、法律上株主だけである。その理由は、株主が会社に出資をして会社のリスクを引き受けたという事実に求められる。

　もう少し立ち入ってみる。会社の債権者や労働者は、会社事業の状況に関係なく法的に権利を保障されている。他方、株主は、資本維持と債務弁済に必要な会社財産を留保してもなお会社財産に余裕があるときに限り、分配を受

けられるにとどまる。もし、会社が利益を上げられないまま倒産すれば、株主は出資に見合う収益をまったく獲得できないことになる。それゆえ、利益分配を確実に受ける権利が法的に保障されていない株主については、会社の事業目的を十分に追求させて利益分配の可能性をより高めるために、会社運営に参加する権利を確保しておく必要があるのである。

　株主の会社における地位の大きさは、株主の有する株式の数に応じて単純に定まる。株主個々人の属性（個性）が顧慮されることはない（これを株主平等の原則という。会 109 条 1 項）。

第 3 節　株主の権利・義務

　株主は、会社に対して一定の義務を負い、権利を有する。

　まず義務についてみると、株主は会社に対して株式の引受価額を限度とする出資の義務を負う（会 104 条）。これを「株主有限責任の原則」という。

　※　もっとも、株主としての地位の発生は、引き受けた株式（または行使する新株予約権）にかかる出資の履行が全部完了していることを条件としているので（会 50 条 1 項、102 条 2 項、209 条、282 条、281 条 1 項・2 項、236 条 1 項 2 号・3 号）株主となった者は、会社に対する義務をすでに履行していることになる。

　※※　＜特別法上の株主の義務＞　上場会社の株主が会社の発行済株式総数または議決権総数の 5％ 以上を取得したときは、当該株主はその事実を内閣総理大臣に届出なければならない（大量保有報告書の提出義務：金商 27 条の 23 第 1 項）。

　次に株主は、会社との関係でさまざまな権利を有している（判例・通説は、これを社員権と総称する）。権利には、大別して「自益権」と「共益権」とがある。また、権利行使において株式保有数を問わないものと、一定数の株式保有を行使要件の一つとするものに分けられる。前者を「単独株主権」、後者を「少数株主権」という。

自益権は、会社から直接経済的な利益を受けることを目的とする権利であり、剰余金配当請求権（会105条1項1号）と残余財産分配請求権（同条項2号）が中心である。ほか、株式買取請求権等（会116条―119条）もある。「自益権」はすべて「単独株主権」である（したがって、1株以上を持つ株主は誰でも「自益権」を行使することができる）。

　共益権は、会社の経営に参与することを目的とする権利であり、株主総会における議決権（会105条1項3号）であり、ほかに株主総会決議取消権（会831条1項）や取締役等の違法行為の差止請求権（会360条1項、422条1項、482条4項）、株主による責任追及権（株主代表訴訟：会847条3項）などの株主総会の決議や取締役の業務執行等の会社の運営を監督是正する権利が含まれる。

　「共益権」のうちでも議決権は「単独株主権」であるが、監督是正権は「単独株主権」のもの（差止請求権、株主代表訴訟の提起権）と「少数株主権」のものとがある。

第4節　株主の権利行使に関する利益供与の禁止

　会社は、法に別段の定めのある場合（会125条3項、313条3項、413条2項等）および信義則違反または権利濫用を理由とする場合（民1条2項、3項）を除いて、行使資格のある株主による権利行使を拒絶し、または制限することができない。

　他方、会社は、何人に対しても、株主の権利の行使に関し、当該会社またはその子会社の計算において、財産上の利益を供与してはならない。これを「利益供与の禁止」という（会120条1項）。会社は時として、金品や利権を提供することにより、株主の権利行使に影響を与えようとすることがある。例えば、会社が株主に対して、株主総会で取締役会提案の議案に賛成するよう依頼し、

その見返りとして金銭を供与することは、禁じられる。これは、株主権の行使を経営陣に都合のよいように操作する目的で会社財産が浪費されることを防止し、会社経営の公正性・健全性を確保する趣旨である。

　※　かつて日本には、会社に対し株主総会の場で質問する等の嫌がらせをすると脅すことにより会社から金銭を奪い取る特殊な株主である「総会屋」と呼ばれる株主がいた。会社法120条は、「総会屋」を根絶する狙いから、株主の権利行使に関し会社が財産上の利益を供与することを禁止したのである。

　会社法120条違反の効果については、まず民事責任として、違反して利益供与を受けた者は、当該利益を会社または子会社に返還しなければならない（同条3項。これは無過失責任）。利益供与に関与した取締役・執行役は、会社に対し連帯して、供与した利益の額を支払う義務を負うが、職務を行うについて注意を怠らなかったことを証明した場合は責任を負わない（同条4項但書き）。この取締役・執行役の責任は、総株主の同意がなければ免除できない（同条5項）。

　次に刑事責任として、①120条に違反する利益供与をした者（会970条1項）、②情を知って当該利益の供与を受けた者（同条2項）には、刑事罰が科される（3年以下の懲役または300万円以下の罰金）。③利益供与を要求しただけでも、②と同等の刑が科される（同条3項）。②、③の罪を犯した者が、その実行について①の者に威迫の行為をしたときは、5年以下の懲役または500万円以下の罰金に処せられる（同条4項）。また、株主等の権利行使に関して不正の請託を受けて財産上の利益を収受、要求もしくは約束し、または当該利益の供与、申込みもしくは約束をした者は、5年以下の懲役または500万円以下の罰金に処せられる（会968条）。

第 5 節　株式買取請求権

　株主は、一定の場合に、自己の有する株式を公正な価格で買い取ることを会社に請求することができる。これを「株式買取請求権」という（会 116 条）。株主は、その意思で自由に退社することができない。株主有限責任原則を採る株式会社においては、会社財産の維持が重要だからである。もし株主が自由に退社できるとすると、会社財産が減り、会社債権者の利益に反することになる。しかし、そのままでは会社の経営に不満のある株主は、いつまでもその会社にとどまらなければならないことになる。これを解消する方法の一つに、（譲渡制限株式でない限り）株主は株式を第三者に譲渡することができる。もっとも、会社のせいで下落した市場価格でしか株式を売却できない場合、株主の利益保護には十分ではない。そこで会社法は、株主の利益に重大な関係があることについて総会決議や会社の行為があった場合には、反対株主に「株式買取請求権」を認めている。

　会社法 116 条 1 項によれば、次の場合に「株式買取請求権」を認めている。

　1　株式会社が発行する全部の株式を譲渡制限株式とするために定款変更をする場合（1 号）

　会社法 107 条 1 項 1 号の場合に認められる。

　2　ある種類の株式の内容として譲渡制限の定めまたは全部取得条項の定めを設けるために定款変更をする場合（2 号）

　会社法 111 条 2 項 1 号、2 号および 3 号の場合に認められる。

　3　会社が一定の行為をする場合において、ある種類の株式（322 条 2 項の規定による定款の定めがあるものに限る）を持つ種類株主に損害を及ぼすおそれがあるとき（3 号）

　これは、種類株主総会決議もなく、損害が及ぶおそれがある場合に限って認められる。

　会社が 116 条 1 項所定の行為をするときは、株主に「株式買取請求権」を行使する機会を与えるため、行為の効力が生ずる日（効力発生日 116 条 3 項）の 20 日前までに、当該行為をする旨を株主に通知し、または公告しなければならない（116 条 3 項、4 項）。反対株主は、同条 5 項所定の期間内に「株式買取請求権」を行使する必要がある。

第 6 節　株式の譲渡―株主の投下資本回収―

1　株式譲渡自由の原則

　株式会社が株式を発行して得た資金は、株主に返還することを要しない自己資金である。株主有限責任の原則との関係で、株主への出資金の払戻しがみだりに行われると、会社債権者の利益が損なわれるおそれがある。したがって、株主は、原則として会社から出資金の払戻しを受けられない。しかしそれでは、出資をした会社に魅力を感じなくなった株主は、いつまでもその会社の株主でいなければならないのか。株主の中には投下資本の回収を望む者もいるはずである。そこで会社法は、会社からの出資払い戻しの方法に代わるものとして、株式の譲渡が自由であることを定めている（会 127 条）。これを「株式譲渡自由の原則」という。

　株式の譲渡とは、言い換えれば、法律行為によって株主の地位を移転することである。株券発行会社では、株主としての地位は有価証券たる株券に表章されるため、株式の譲渡には株券の交付が必要となる（会 128 条 1 項）。

　※　株式の自由譲渡性と株式の証券化が証券市場の利用を通じて、より多くの資金の誘引に成功し、今日の巨大株式会社の発展の基礎を作った。

2　株式譲渡自由の例外

　株式の譲渡が自由であっても、中にはそれを望まない会社も存在する。同族

会社の場合、株式が家族の誰も知らない第三者の手に渡り、部外者が会社経営に介入することを好ましく思わないこともあろう。会社法は、会社がその全株式あるいは一部の種類の株式の内容として譲渡制限を付することができるとしている（会107条1項1号、108条1項4号）。その旨を定款で定めることができる。

● **法律による株式譲渡自由の例外**

①権利株、すなわち会社成立前における株式引受人の地位の譲渡は、当事者間では有効であるが、会社には対抗できない（会35条、63条2項）。つまり、当事者は会社に対して譲渡の効力を主張できない（会社が任意に譲渡の効力を認めることはできる）。

②株券発行会社では、会社成立後でも株券発行前は、株式を譲渡しても当事者間では有効であるが、会社との関係では効力を否定される（会128条2項）。これは、株券発行事務が遅滞なく行われるようにするためである。

③自己株式の取得は原則自由であるが、株主および債権者保護の観点から、一定の規制に服する（会155条以下。⇒後述）。

④子会社による親会社株式取得は原則として禁止されている（会135条）。

● **株主間契約による株式の譲渡制限**

株主間契約による株式の譲渡制限も原則として可能である。契約自由の原則が妥当する以上、株主間の契約により、株式の譲渡制限を個別に合意することができる。ただし、会社に譲渡の同意権を与える譲渡制限契約は、合理性がない限り、会社法107条1項1号、108条1項4号、116条の脱法行為となり、株主から投下資本回収の機会を不当に奪うものであるから、原則として無効と解すべきである。

● **株式振替制度**

上場会社においては、「社債、株式等の振替に関する法律」により、株券

不発行会社の株式（譲渡制限株式を除く）で振替制度利用に同意して株式会社の株式を「振替株式」として、振替制度のもとで、その株式の譲渡や質入をコンピュータで管理する制度が導入されている。

第7節　自己株式の取得

　自己株式とは、株式会社が有する自己の株式（会113条4項）のことで、通常、株式会社が自社の発行する株式を取得することを「自己株式の取得」という。これは、余剰資金のある会社で適当な投資機会のない場合に、それを株主に返還する手段として行うためや、敵対的買収に対する防衛策として、あるいは株式の相互保有解消の受け皿となるために行われる。

　かつて、自己株式の取得は原則として禁止されていた。その理由は次のような弊害が認められていたからである。すなわち、①自己株式の取得は、株主に出資の払戻しをしたのと実質的に同じ結果をもたらし、会社の財産的基礎を危うくし、会社債権者の保護の点から望ましくない。②自己株式の取得は、株主平等の点から問題がある。特定の株主のみ株式を会社に買い取ってもらえるとなると、その価格次第ではその買い取ってもらった株主のみ優遇されることになる。③自己株式の取得は、株価操作のために利用される可能性があり、一般投資家保護の点から問題がある。④現経営者の地位保全のために自己株式を利用する会社支配権をめぐる不公正な取引を禁止する必要がある。

　以上のような弊害があることに鑑み、これを一般的に予防するために、政策的見地から原則として自己株式取得を禁止していた。しかし、これを一律に規制するのではなく、上にみた自己株式取得の有用性を考慮して、これを個別に規制すれば足りるとされ、自己株式取得は自由化された。

　自己株式の取得は、限定列挙された事由に該当する場合にのみ行うことができる（会155条柱書）。すなわち、①取得条項付株式の取得（会107条

2項3号イの事由が生じた場合）、②譲渡制限株式の取得（会138条1号ハまたは2号ハの請求があった場合）、③株主総会決議等に基づく取得（会156条1項の決議に基づく場合）、④取得請求権付株式の取得（会166条1項の請求があった場合）、⑤全部取得条項付種類株式の取得（会171条1項の決議があった場合）、⑥株式相続人等への売渡請求に基づく取得（会176条1項による請求をした場合）、⑦単元未満株式の買取り（会192条1項の請求があった場合）、⑧所在不明株主の株式の買取り（会197条3項各号の事項を定めた場合）、⑨端数処理手続における買取り（会234条4項各号〔235条2項による準用の場合を含む〕の事項を定めた場合）、⑩他の会社（外国会社を含む）の事業の全部を譲り受ける場合にその会社が有する株式の取得、⑪合併後消滅する会社からの株式の承継、⑫吸収分割をする会社からの株式の承継、⑬上記①—⑫のほか、法務省令で定める場合（会社法施行規則27条）、である。以上の場合であれば、会社は期間の限定なく自己株式を保有できる。

● 取得方法に応じた自己株式取得の規制

（a）すべての株主（種類株式の場合は当該種類株式すべての種類株主）に申込機会を与えて行う取得

　第1に、株主総会決議（普通決議）で、①取得する株式の数（種類株式の場合は取得の対象となる株式の種類および種類ごとの数）、②取得と引き換えに交付する金銭その他の財産（会151条1項）（当該会社の株式等を除く）の内容およびその総額、③取得することができる期間（最長1年間まで）を定めて、取締役会（取締役会設置会社の場合）等に「買い受け」（＝株主との合意による自己株式の取得）を授権する（会156条1項）。

　※　定款により剰余金分配を取締役会の権限とした会社では（会459条1項1号、2項）、以上は、取締役会の決議で決めることができる。

　第 2 に、会社は（取締役会設置会社では取締役会決議で〔会 157 条 2 項〕）、そのつど、①取得する株式の数（種類株式の場合は種類および数）、②株式 1 株を取得するのと引き換えに交付する金銭等の内容および数・額またはこれらの算定方法、③株式を取得するのと引き換えに交付する金銭等の総額、④株式の譲渡の申込みの期日を定めて（会 157 条 1 項）、株主に通知するが（公開会社では公告でも可）（会 158 条）、取得の要件は均等でなければならない（会 157 条 3 項）。

　第 3 に、会社は、株主からの申込みに応じてその株主の株式を取得するが、申込総数が取得総数を超えたときは按分で取得する（会 159 条）。

　(b) 特定の株主からの取得

　上記の株主総会決議で特定の株主からの取得を決議することができ（特別決議〔会 309 条 2 項 2 号〕）、この場合、その株主に通知する（会 160 条 1 項、5 項）。ただこの場合には、株主間の公平を図る必要から厳格な規制がある。すなわち、①株主総会の特別決議では取得の相手方となる株主の議決権行使は排除される（会 160 条 4 項本文。但書きに例外）。②他の株主（または種類株主）は、その総会決議の前で法務省令で定める時（会社法施行規則 28 条、29 条）までに自己を売主に追加するよう請求できる（会 160 条 2 項、3 項）。③ただし例外として、市場価格ある株式で一定の要件を満たした場合（会 161 条、会社法施行規則 30 条）、および株式相続人等から取得する場合で一定の場合（会 162 条）には、②の売主追加請求権はない。また、売主追加請求権をあらかじめ定款で排除することが認められる（会 164 条 1 項、なお 2 項〔株主全員の同意〕）。

　(c) 子会社からの取得

　子会社から自己株式を取得する場合には、株主総会（取締役会設置会社にあっては取締役会決議）で、①取得する株式の数、②引き換えに交付する

金銭等、③取得することができる期間を定める（会 163 条）。

(d) 市場取引等による取得

市場取引または公開買付（金商 27 条の 2 第 6 項、同 27 条の 3 以下参照）により取得する場合には、株主総会の普通決議で、①取得する株式の数、②引き換えに交付する金銭等、③取得することができる期間を定めるだけで自己株式を取得できる（会 165 条 1 項）。また、取締役会設置会社では、あらかじめ定款で取締役会決議によって自己株式を取得することを定め、取締役会で、①取得する株式の数、②引き換えに交付する金銭等、③取得することができる期間を定めてもよい（会 165 条 2 項）。

● 財源規制

これは、債権者保護の観点からの規制の一つである。株主総会決議時の財源規制として、株主総会で定めることができる自己株式の取得予定総額は、自己株式取得が効力を生ずる日における分配可能額（会 461 条 2 項）を超えてはならない（会 461 条 1 項 2 号、3 号）。自己株式は内部留保される利益を財源としてのみ取得できる。ほかに、期末の財産状態の予測を基礎とした規制がある。自己株式を取得した日の属する事業年度末に係る計算書類において分配可能額がマイナスになるおそれがあるときには、会社は自己株式を取得してはならず、マイナスが生じてしまったら、当該取得を行った業務執行者の責任が生ずる（会 465 条 1 項 2 号、3 号）。

なお、子会社による親会社株式の取得は原則禁止される（会 135 条）。

※　自己株式については、会社は議決権を有しない（会 308 条 2 項）。また、会社が有する自己株式につき、剰余金配当はなされない（会 453 条括弧書）。自己株式については募集株式の発行による新株を引き受ける権利はないが、株式併合あるいは株式分割の対象となる。

● 規制違反の効果

　上記規制に違反してなされた自己株式の取得の効果について、その名義の
いかんを問わず会社の計算で行われた場合、当該取得に関与した会社の役
員、執行役、使用人その他の者は刑事責任を負う（会963条5項1号）。ま
た民事責任として、違法な自己株式取得に関与し、または監督是正のための
権限行使を怠った役員等の一般的な任務懈怠責任が問われ得る（会423条
1項）。違法な自己株式取得の私法上の効力について、多数説は、これを無
効とする一方、会社からの無効主張は違反事実につき善意の株主に対して行
うことができないとする。この無効の主張は会社の側からのみできるとするのが、
判例である（最判平成5年7月15日判時1519号116頁）。

第8節　株式の内容と種類

　会社法107条1項によれば、会社はその発行する全部の株式の内容として、
①譲渡制限株式（譲渡による当該株式の取得について、会社の承認を要する
もの）、②取得請求権付株式（当該株式について、株主が会社に対してその
取得を請求することができるもの）、③取得条項付株式（一定の事由の発生を
条件にして、会社が株主から当該株式を取得できるもの）を設けることができる
が、法の定める一定の事項を株式の内容として定めるときは、定款でこれに関
する定めを置かなければならない（同条2項）。これは、各株式の権利の内
容は同一であることを原則としつつ、その例外として特別なものを定めるもので
ある。

　他方、会社法は、株主にも多様な経済的または会社支配に関するニーズが
あり得ることに配慮して、一定の事項につき権利内容等の異なる株式の発行を
認めている。これは「株主平等の原則」を修正するものである。

　会社は次の事項につき内容の異なる種類株式を発行することができる（会

108条1項各号)。すなわち、①剰余金の配当についての種類株式(優先株、劣後株等)、②残余財産の分配についての種類株式(優先株、劣後株等)、③議決権制限種類株式、④譲渡制限種類株式、⑤取得請求権付種類株式、⑥取得条項付種類株式、⑦全部取得条項付種類株式、⑧拒否権付種類株式、⑨選解任種類株式である。

【種類株式の内容】

①　剰余金の配当、残余財産の分配について内容の異なる種類株式の発行(会108条1項1号・2号)

このような種類株式は、剰余金の配当、残余財産の分配について、他の種類の株式よりも優先的な地位が与えられる株式を優先株式、劣後的な地位が与えられる株式を劣後株式(後配株式)と呼ぶ。

②　議決権制限種類株式の発行(同条1項3号)

これは、株主総会で議決権を行使できる事項が制限されている種類株式の発行のことで、無議決権株式のほか、特定事項についてのみ議決権が付与された株式の発行もできる。

かかる株式が大量に発行されると、少数の議決権を有する株主によって会社が支配される危険があるため、公開会社では、議決権制限種類株式の発行は発行済株式総数の2分の1以下になるように規制されている(会115条)。

③　譲渡制限種類株式(会108条1項4号、2条17号)の発行

これは、株式の取得について会社の承認を必要とする種類株式のことである。この取得の承認については、取締役会設置会社では取締役会で(非設置会社では株主総会で)行われる(会139条1項)。この種類株式は、同族経営の会社や閉鎖的な小規模会社では、外部者が株主になることを嫌う要請に応えたものである。株式譲渡自由の原則(会127条)の例外で、定款で新たに株式譲渡の制限を設けるためには、定款変更の株主総会の特別決

議（会 309 条 2 項 11 号）のほか、種類株主総会の決議（会 111 条 2 項、324 条 3 項 1 号）、反対株主の買取請求に関する手続（会 116 条）が必要となる。また、発行するすべての株式を譲渡制限株式とする定款変更には、株主総会の特殊決議が必要となる（会 309 条 3 項 1 号）。

④　取得請求権付種類株式（会 108 条 1 項 5 号）の発行

これは、会社に対して株主がその有する株式の取得を請求できる種類株式のことである。会社は、その取得の対価として、現金、社債のほかに当該会社の他の株式等の財産を株主に交付することを定款で定めておくことができる（会 108 条 2 項 5 号、107 条 2 項 2 号）。

⑤　取得条項付種類株式（会 108 条 1 項 6 号）の発行

これは、会社が株主の同意なしに、一定の事由が生じたことを条件に取得できる種類株式のことである。会社は、その取得の対価として、現金、社債のほかに当該会社の他の株式等の財産を株主に交付することを定款で定めておくことができる（会 108 条 2 項 6 号、107 条 2 項 3 号）。

取得条項付種類株式は、一定事由の発生により会社が強制的に株式を取得するものであるから、株主の権利が制限されることになる。そこで、ある種類の株式の内容として取得条項を設ける定款変更には、株主総会の特別決議（会 309 条 2 項 11 号）のほか、その種類の株式を有する株主全員の同意を得なければならない（会 111 条 1 項）。

⑥　全部取得条項付種類株式（会 108 条 1 項 7 号）の発行

これは、会社が株主総会の特別決議によりその種類株式のすべてを取得することができる種類株式のことである。この種類株式の取得の際に対価を交付する場合には、取得を決定する株主総会で対価や取得日等についても決議する。対価として、社債、新株予約権、新株予約権付社債、他の株式その他現金等が認められる。この対価に反対する株主は取得価格の決定を裁判所に

申し立てることが認められる（会172条）。

　全部取得条項付種類株式は、総会の特別決議により会社が強制的に株式を取得するもので、少数派株主の権利を制限するものである。そこで、ある種類の株式の内容として全部取得条項を設ける定款変更には、総会の特別決議のほか、種類株主総会の決議（会111条2項、324条3項1号）、反対株主の株式買取請求に関する手続が要求される。

　⑦　拒否権付種類株式（会108条1項8号）の発行

　これは、株主総会や取締役会で決議すべき事項について、その決議のほかに、その種類株主の種類株主総会の決議を要するものである。これは「黄金株」とも呼ばれる。すなわち、会社法では、買収者による合併あるいは取締役選任等の提案に対して拒否権を有する「黄金株」を譲渡制限株式として友好的株主に発行することが可能となった。

　例えば、会社は合併・取締役選任等について拒否権を有する種類株式を、現経営陣と友好関係にある関連会社に対して発行しておけば、当該種類株主の了解が得られないと、会社は合併等ができなくなる。

　⑧　選解任権付種類株式（会108条1項但書・9号）の発行

　指名委員会等設置会社（会2条12号）および公開会社以外の株式会社で、種類株主総会で取締役または監査役を選任することができる種類株式のことである。例えば、A種株式とB種株式という2種類の株式を発行し、それぞれの種類株主総会で、取締役を2名ずつ選任する、という仕組み（これをクラス・ボーティングという）を採用できる。

第9節　投資単位としての株式

　前述の通り、株式は株主の割合的地位を示す単位である。総株式の価値が株式会社の企業価値を表すとすると、株式は企業価値の単位ということもで

きる。

　会社法は、株式会社の必要に応じて発行済株式数を増減させ、結果として
単位としての株式そのものの大きさ（ひいては１株当たりの価値）を操作（調整）
する自由を認めている。また、一定数の株式を一単元とし、単元に満たない株
式には限定的な権利のみを認める制度（単元株制度）を採用することもできる。

　※　発行済株式数を減少させる方法には、株式の消却と併合がある。発行済
株式数を増加させる方法には、株式の分割と無償割当てがある。

　①　「株式の消却」とは、保有する自己株式を消却させることをいう（会178条
１項前段）。株式を消却するには、株主総会で消却する自己株式の数と種類を決
定する（同条１項後段）。取締役会設置会社では取締役会の決議で消却する自
己株式の数（種類株式発行会社であれば、自己株式の種類および種類ごとの数）
を決定しなければならない（同条２項）。株式の消却によって発行済株式数が減
少すると、株式会社の企業価値に変化がない限り、各株式の価値は増加する。
会社が発行できる株式数は、発行可能株式総数によって限定される（会37条１項）。
発行可能株式総数と発行済株式数との差が、新たに増加させることができる株式
数である。株式の消却によって発行済株式数が減少すると、新たに増加させること
ができる株式数が増加する。

　②　「株式の併合」とは、数個の株式を併せて従来より少数の株式にすることで
ある（会180条。例：２株を１株に、３株を２株にする）。　株式併合によって会
社資産は変動しないため１株当たりの価値は大きくなるが、既存の株式が１株未
満になることがあり得る。このように株式の併合は株主の利益に重大な影響を与え
るので、総会の特別決議が必要である。取締役は株主総会で株式併合を行う理
由を開示しなければならない（同条４項）。

　株式が併合されると、１株に満たない株式の端数が生じることがあり、かかる場
合には、会社は端数の合計数に相当する株式を競売してその代金を権利者に分

配するのが原則である（会235条1項）。株式の併合によっても発行済株式総数が減少するので、株式会社の企業価値に変化がない限り、各株式の価値は増加する。

③　「株式の分割」とは、1株を2株に、また2株を3株にというように、既存株式を細分化して同一種類の株式を従来より多数にすることをいう（会183条1項）。株主に実質的に不利益を与えないので、株式の分割は取締役会の決議で足りる（同条2項）（取締役会非設置会社では株主総会）。株式の分割により、1株に満たない株式の端数が生じた場合の処理は、株式の併合の場合と同様である（会235条1項）。

株式の分割によって発行済株式数が増加するので、株式会社の企業価値に変化がない限り、各株式の価値は減少する。株式の分割により、会社の発行可能株式総数が当然に増加することはない。もっとも、会社が株式の分割をする際には、分割の割合の限度で、定款変更に本来必要な株主総会の特別決議を経ずに、発行可能株式総数を増加することができる（会184条2項）。

④　株式の無償割当てとは、株主に新たに払込みをさせないで同一種類の株式または異なる種類の株式の割当てをして、従来より多数の株式にすることである（会185条）。株主に不利益を与えないので、株式の無償割当てをするには、取締役会の決議で足りるのは株式の分割と同様である。

⑤　単元株とは、会社が定款により、一定数の株式を一単元とし、単元株主には完全な権利を認めるが、単元に満たない数の株式しか有しない株主には限定された権利のみを認める制度である（会188条以下）。

第5章

株式会社の機関

すべて会社は法人である（会3条）。すなわち、会社はそれ自体がその社員と別個独立の法人格者として、権利義務の主体となりうる。しかし、自然人と異なり自ら意思を決定し、活動することはできないことから、法律上会社自体の意思決定・活動とみられる会社の組織上の一定の地位にある者の存在が必要である。これが会社の機関である。

もっとも、持分会社（合名会社、合資会社および合同会社）にあっては、社員が社員たる資格において当然に会社の機関を構成し、社員資格と機関資格とが一致するから（これを自己機関という。会590条、599条）、機関の観念は明瞭には現れない。

これに対して社員資格と機関資格との分離が明瞭に認められるのが、株式会社である。株式会社は、通常、多数の社員（株主）から成ることを前提としているから、株主の全員が会社の経営に当たることはできず、経営を専門とする取締役を選んで、これに会社経営を委ねることになる。ここに、株主の全員から成る株主総会は別として、株主から独立した第三者機関としての株式会社の機関が登場する。またこのように、会社の所有者である株主が会社の経営を専門家（取締役）に委ねる現象を指して「企業の所有と経営の分離」と呼び、大規模株式会社にあっては多くの株主の会社経営に対する無関心とあいまって、「企業の所有と経営の分離」は極端に進み、いわゆる経営者支配が確立している。

第1節　各機関の意義・役割

まず、各機関の位置づけ、役割を概観しておく。

1　株主総会・取締役・取締役会

株式会社は、基本的に、株主が株主総会で取締役を選んで会社の運営・管理を行わせる仕組みであるから、株主総会と取締役は、すべての株式会社

に必須の機関である（会 295 条、296 条、326 条 1 項）。

※　非取締役会設置会社か取締役会設置会社（会 2 条 7 号）かで、株主総会、取締役の役割は異なる。

◆　非取締役会設置会社の場合　　株主総会で選任された取締役（会 329 条 1 項）が、業務の決定（＝広く事業活動に関する意思決定）をし（会 348 条 2 項、3 項）かつ業務の執行（業務の決定に基づき、事業活動を実際に遂行すること）をする（同条 1 項）。また、対外的には、株式会社を代表する（会 349 条 1 項）。

一方、株主総会にも、株式会社に関する一切の事項について決議をする権限がある（会 295 条 1 項）。➡株主総会が業務の決定をした場合、取締役は、それに従って業務の執行をする義務を負う（会 355 条—忠実義務—参照）。

非取締役会設置会社は、株主の数が比較的少なく、互いによく知る仲であることが多く、会社の経営に日頃から直接関与することを望む企業に適している。

◆　取締役会設置会社の場合　　株主総会は 3 人以上の取締役を選任しなければならない（会 329 条 1 項、331 条 5 項）。取締役はその全員で取締役会を構成する（会 362 条 1 項）。取締役会は、業務執行の決定をするとともに（会 362 条 2 項 1 号）、取締役の中から代表取締役およびその他の会社業務を執行する取締役（業務執行取締役。2 条 15 号 1）を選定し（会 362 条 2 項 3 号、3 項、363 条 1 項 2 号）、その職務執行を監督する（会 362 条 1 項 2 号）。業務執行取締役は、会社業務の執行をするほか（会 363 条 1 項）、取締役会の委任を受けて業務執行の決定をすることもできる（ただし、会 362 条 4 項参照。また、指名委員会等設置会社にあっては別）。

株主総会が決議をすることができる事項は、会社法および定款で定められた事項に限定される（会 295 条 2 項）。

取締役会設置会社にあっては、基本的に、会社の事業活動は取締役会および

その監督下にある業務執行取締役によって行われ、株主は日々の経営には関与しない。この仕組みは、一般投資家から広く出資を募る大規模な事業を行う企業に適している。

2　会計参与

これは、株式会社の会計に関する業務執行をする機関である。会計参与は、取締役（指名委員会等設置会社では執行役）と共同して、計算関係書類を作成する（会374条1項）。これを置くかどうかは、会社の任意である（非公開会社で監査役を置かない場合は、会計参与を置くことを強制される）。会計参与には、会計の専門知識を有する者、すなわち公認会計士、監査法人、税理士または税理士法人しか就任できない（会333条1項）。会計参与は、株主総会が選任する（会329条1項）。

3　監査役・監査役会

上の1、2が業務執行機関であるのに対し、監査役、監査役会および会計監査人は、その業務執行が適正に行われているかを監査する機関（監査機関）である。

◆　監査役　　これは、取締役（および会計参与）の職務の執行を監査する機関である（会381条）。監査とは、職務執行の状況を調査し、必要があればそれを是正することである。取締役会設置会社は、一定の場合を除き、監査役を置くことが強制される（会327条2項）。監査役は株主総会で選任する（会329条1項）。

◆　監査役会　　これは、監査役全員で構成される会議体である（会390条1項）。監査役を置く会社であっても監査役会を置くかどうかは会社の任意であるが、一定の会社は監査役会を置くことが強制される。監査役会設

置会社は、その員数や構成等の面で厳格な規制に服する（会335条3項）。

4　会計監査人

これは、株式会社の計算書類の適正さを監査する機関である（会396条1項）。会計監査の専門知識を要することから、公認会計士または監査法人しか選任できない（会337条1項）。これを置くかどうかは会社の任意であるが、一定の会社は強制される。会計監査人は株主総会で選任される（会329条1項）。

5　監査等委員会

取締役会設置会社で監査役を置かず、その代わりに株主総会で監査等委員として他の取締役と区別して選任された取締役が、監査等委員会を組織し（会399条の2第1項、第2項）、取締役の職務の執行を監査する（同条3項1号）。同委員会の業務執行取締役からの独立性確保のため、監査等委員の過半数は、社外取締役（会2条15号）でなければならない。

6　指名委員会・監査委員会・報酬委員会（指名委員会等）、執行役

指名委員会等設置会社では、指名委員会、監査委員会、報酬委員会という3つの委員会（総称として指名委員会等）が置かれる（会2条12号）。各委員会の委員は、取締役の中から取締役会が選定する（会400条2項）。各委員会の委員は3名以上で、その過半数は、社外取締役でなければならない（同条1項、3項）。

指名委員会等設置会社では、取締役会が選任する代表執行役その他の執行役が、会社の業務を執行する（会418条2号）。執行役はまた、取締役会から委任された範囲で業務執行の決定も行う（同条1号）。取締役会は、

会社の業務執行の決定をするほか、取締役および執行役の職務の執行を監督することが、主な職務となる（会 416 条 1 項 1 号、2 号）。

　※　取締役、会計参与、監査役を「役員」と呼ぶ（会 329 条 1 項）。役員に執行役、会計監査人を加えて「役員等」と呼ぶ（会 423 条 1 項、847 条 1 項）。

　※監査等委員会設置会社と指名委員会設置会社を併せて、「委員会型会社」と呼ぶことにする。

第 2 節　株式会社の機関設計

　規律の要は、株式会社が公開会社（会 2 条 5 号）かどうか、そして、大会社かどうかである。

（大会社とは、資本金の額が 5 億円以上または負債総額が 200 億円以上の株式会社のこと。会 2 条 6 号）

◆　株主総会・取締役・取締役会に関するルール

・すべての株式会社は、株主総会と取締役を置かなければならない（会 295 条、296 条、326 条 1 項）。

・公開会社は、取締役会を置かなければならない（会 327 条 1 項 1 号）。

　公開会社では、株式譲渡自由の原則の結果、株主が頻繁に変動するため、会社の運営・管理を株主に委ねることは妥当でなく、基本的に取締役会にこれを委ねる組織構造の方が適切である。

◆　監査機関に関するルール

・取締役会設置会社（委員会型会社を除く）は、監査役を置かなければならない（会 327 条 2 項本文）。

　取締役会設置会社では、取締役会に会社の運営・管理権限が集中する（会 362 条）ので、取締役が権限を濫用しないよう、その職務執行を監査する監査役を置くことが義務づけられる。したがって、監査等委員会設置会

社では監査等委員、指名委員会等設置会社では監査委員会が監査の職務を行う。

また、非公開会社では、定款で監査の範囲を会計に関するものに限定できる（会 389 条 1 項）。

＜例外＞非公開会社で会計参与を置く取締役会設置会社は、監査役を置かなくてもよい（会 327 条 2 項但書）。

・大会社は、会計監査人を置かなければならない（会 328 条 1 項、2 項、327 条 5 項）。

会社の会計処理の適正さを担保する必要から、職業的専門家である会計監査人の監査を受けさせるねらいがある。

・（委員会型会社を除き）会計監査人設置会社は、監査役を置かなければならない（会 327 条 3 項）。

会計監査人の独立性確保のため、選任・終任、報酬決定に監査役が関与することとなっている（会 344 条、399 条 1 項、2 項）。

・監査役会設置会社は、取締役会を置かなければならない（会 327 条 1 項 2 号）。

◆　監査等委員会設置会社および指名委員会等設置会社に関するルール

・監査等委員会設置会社および指名委員会等設置会社は、取締役会を置かなければならない（会 327 条 1 項 3 号、4 号）。また、監査役を置いてはならない（会 327 条 4 項）。そして会計監査人を置かなければならない（会 327 条 5 項）。さらに、指名委員会等設置会社は、監査等委員会を置いてはならない（会 327 条 6 項）。

◆　公開大会社に関するルール

・公開大会社は、監査役会、監査等委員会または指名委員会等のいずれかを置かなければならない（会 328 条 1 項）。

公開大会社は、株主、会社債権者等利害関係者が多数に及ぶことから、業務執行に対する監査・監督がとくに重要であり、上記のいずれかの設置が求められる（会計監査人、取締役会も必要）。

第3節　株主総会の権限

I　株主総会の意義と権限

　株主総会は、会社運営の基本的な事項について、会社の意思を決定する株式会社の必要的機関である。昭和25年の商法改正以降、株主総会の決議事項は会社の基本的事項に限定されたことにより、株主総会は万能の機関ではなくなったが会社の最高機関として位置づけられる。

　※　「会社の所有と経営の分離」という現象が大規模会社に一般化したことが株主総会の万能機関性を奪ったのであるが、株主が会社の経営に関心がある場合もあり、また法定事項でなくても総会の権限とすることを欲する場合があるので、定款で定めることで総会の権限とすることができるものとした。

　取締役の選任・解任が総会の権限であることや、総会決議が取締役会を拘束することなどを考え併せると、株主総会は、依然、株式会社の最高機関であるということができる（取締役会非設置会社では依然として株主総会は万能性を有する）。

　株主総会の決議事項は、取締役会設置会社では、法律上および定款に定める事項に限られる（会295条2項）。他方、取締役会非設置会社では、法律上の事項のほか株式会社の組織、運営、管理その他株式会社に関する一切の事項に権限が及ぶ（同1項）。また、株主総会の法定権限について、取締役、執行役、取締役会等株主総会以外の機関が決定できるものとする定款の定めは無効とされる（同3項）。

　株主総会の法定権限は、①取締役・監査役などの機関の選任・解任に関

する事項のほか、②会社の基礎的変更に関する事項（定款変更、合併、分割等、解散など）、③株主の重要な利益に関する事項（剰余金配当など）、④取締役に委ねたのでは株主の利益が害されるおそれが高いと考えられる事項（取締役の報酬の決定など）である。

　※　取締役会設置会社では、法律上および定款に定める事項に権限が限定されることから、定款に規定してどこまで権限を拡大させることができるかが問題となる。定款に記載される事項には、絶対的記載事項（会27条）、相対的記載事項（会28条）および任意的記載事項（会29条）の3つがある。会社は強行法規や公序良俗に反せず、また株式会社の本質に反しない限り、どのような事項でも定款に記載することができ、任意的記載事項をふやすことによって総会の権限を拡大することができる。従来の通説によれば、取締役会の決議事項（業務執行に関する事項（会362条4項）、代表取締役の選任（同3項）、社債の発行（同4項5号）など）を定款をもって株主総会の権限とすることができるとされる（なお、昭和26年10月12日付法務省民事局通達（民事月報6・11・132）によれば、「総会の決議をもって代表取締役を選任することはできず、定款をもってしてもその旨を定めえない」としている）。

　公開会社以外の会社は取締役会を設置しないことすら可能であるから、このような権限の拡大は中小会社を念頭に置いた場合、妥当な措置でもある。

　しかし、取締役会の業務決定権を一切奪ってしまうことは許されない。これは、株式会社制度の根幹に関わることであるからである。

　その他、性質上当然に総会の権限と解される事項として、総会の議事の運営に関する事項がある。動議の採否、議長の不信任、審議・採決の順序、発言時間の制限などがこれに該当する。また解釈上総会の権限と解されるものに、例えば検査役の解任については明文の規定がないが、検査役の選任権限が総会にある以上（会316条・358条）、その解任権限も総会にあると解することができる。

Ⅱ　株主総会の招集

1　招集権者

株主総会は、取締役が招集する（会 296 条 3 項）。ただし、株主全員が出席して総会の開催に同意したときは、招集がなくても適法な株主総会と認められ（全員出席総会）、その際の決議は総会決議としての効力があると解される（最判昭和 60 年 12 月 20 日民集 39 巻 8 号 1869 頁）。会社法もこれに従っている（会 300 条本文。ただし、書面投票または電子投票の制度が採用される場合を除く）。

招集権者は原則として取締役会（取締役会非設置会社では取締役）であって（会 298 条 4 項）、代表取締役（取締役会非設置会社では取締役、指名委員会等設置会社では代表執行役）が招集行為を行う。

※　通常、総会開催の日時、場所、議題等を取締役・取締役会が決定し（同条 1 項）、取締役・代表取締役が、会日の 2 週間前までに（公開会社でない場合には、1 週間前までに）、会議の目的たる事項（＝議題）を記載した招集通知を発することとなる（会 299 条 1 項・4 項）。なお、会社は株主総会資料を電磁的方法により提供することができる（会 301 条 2 項）。

取締役会の決議に基づかないで総会を開催した場合は、決議の取消事由（会 831 条 1 項 1 号）となる（通説・判例）。また、代表取締役以外の者が招集した総会は、法的にも有効な総会とは評価されず、決議不存在事由となる（会 830 条）。

●　総会の招集には例外として、少数株主による招集（会 297 条 1 項・4 項）と裁判所の命令による招集（会 307 条・359 条）がある。前者は、少数株主権の 1 つとして認められるもので、6 ヵ月前より引き続き総株主の議決権の 100分の 3 以上を有する株主は、取締役に対して、会議の目的たる事項および招集の理由を示して、総会の招集を請求することができる。この請求があった後

遅滞なく総会招集の手続がとられないときは、この請求をした株主は裁判所の許可を得て総会を招集することができ、当該請求があった日から 8 週間以内の日を会日とする総会の招集通知が発せられなかった場合も同様である（会 297条 4 項）。少数株主による株主総会招集の例としては、取締役解任決議を議題とする臨時総会の招集が一般的である。なお、株主に求められる議決権保有期間・保有比率は定款により緩和できる（会 297 条 1 項）。

　後者は、少数株主（総株主の議決権の 100 分の 1 以上を有する株主）の請求により裁判所が検査役を選任し、その検査役の報告を聴いて裁判所が取締役（法文では「取締役」とあるが、それは「代表取締役」を指す）に株主総会を招集させる場合である。この場合、代表取締役は取締役会の決議の有無に関わりなく、裁判所の命令に従って総会を招集しなければならず、これに違反するときは、罰則の制裁がある（会 976 条 18 号）。

2　招集時期・招集地

　株主総会には、定時総会と臨時総会がある。両者の区別は、もっぱら招集時期の違いにあり（招集時期説）、決議事項による差異によるのではない。定時総会は毎事業年度の終了後一定の時期に開催され（会 296 条 1 項）、計算書類の承認を目的とする（会 438 条 2 項）。通常、決算期後 3 カ月内に開催され、実際上も 3 月決算の会社が多く、定時総会は 6 月下旬の特定日に集中している。臨時総会は、必要に応じて招集される（会 296 条 2 項）。例としては、合併承認を目的とする開催が多い。

　株主総会の招集地に制限はない（定款で制限することはできる）。しかし、株主が集まりにくい不便な招集地をあえて選ぶことは、著しく不公正な招集手続であり、決議の取消原因となる（会 831 条 1 項 1 号、会社則 63 条 2 項参照）。

3　招集手続

株主総会を招集するには、会日から2週間前に、議決権のない株主を除き、各株主に対して招集通知を発しなければならない（会299条1項）。招集通知には会議の目的たる事項を記載する必要がある（会298条1項2号・299条4項）。ここに2週間というのは、通知を発する日と会日との間が2週間あることを要する意味に解される（大判昭和10年7月15日民集14巻1401頁）。株主への通知につき、株主総会の招集に先立って、名簿上の株主の地位確認請求を棄却すべきものとする控訴審判決が言い渡されていても、確定に至るまでは名簿上の株主に対して招集通知を発しなければならない（最判平成9年9月9日判時1618号138頁）。

　公開会社でない会社にあっては、株主総会の招集通知の発出から会日までの期間を1週間まで短縮することができる（取締役会非設置会社では定款によりさらに短縮が可能）（会299条1項）。招集通知につき、取締役会非設置会社では通知方法に制限はないが、取締役会設置会社においては書面または電磁的方法によらなければならない（同2項・3項）。

　定時総会の招集通知には、取締役会設置会社においては、計算書類および事業報告を、添付しなければならない。監査役設置会社においては監査報告、会計監査人設置会社においては会計監査報告を添付しなければならない（会437条）。また、株主の数が1000人以上の会社では、総会の招集通知に、議決権行使のための株主総会参考書類および書面投票を行うための議決権行使書面を添付しなければならない（会301条1項。これは電磁的方法による提供も可。同2項。なお、会社則65条・66条・73条参照）。

　総会では延期または続行の決議をすることができるが、この場合には、総会招集の手続を改めてとる必要はない（会317条）。延期は、総会を開催したが、議事に入らないで、後日に期日などを定めてなすことを決議することであり、続行とは、総会を開き議事に入ったが、議事を中止し、改めて後日に期日を定め

て総会を継続することをいう。

　上場会社にあっては、「電子提供措置」をとる旨の定款の定めが義務化されている（会325条の2、社債、株式等の振替に関する法律159条の2第1項）。この制度は、株主総会資料をウェブサイトに掲載し、株主に対してそのアドレス等を書面で通知する方法により、株主総会資料を株主に提供できるものである。

Ⅲ　議決権

1　1株1議決権の原則とその例外

　株主は、株主総会に出席し、決議に加わる権利を有する。この権利には総会で議題について質問をしたり意見を述べたりすることも含まれている。この決議に加わる権利を議決権という。議決権は、株主の最も重要な権利の1つで、いわゆる固有権に属し、また共有権の中の主な権利である。

　議決権の数は、1株につき1議決権が原則である（会308条1項本文）。これを「1株1議決権の原則」と呼び、株主の持株数に応じた多数決による議決によって株主総会の意思は決定される。ただし、単元株制度を採用する会社にあっては、1単元につき1個の議決権が与えられる（会308条1項ただし書。したがって、単元未満の株式は議決権を有しない）。会社法の定めた例外を除き、定款または総会の決議によっても、1株につき複数の議決権を認めたり、一定の割合まで議決権を制限したりすることは許されない。

　※　会社法の定める例外は次の通りである。

　①　議決権制限株式　　議決権制限株式は、制限された事項につき議決権を行使することができない（会108条1項3号）。なお、種類株主総会は株主総会とは異なることから、議決権制限株式についても議決権が認められる。

　②　自己株式　　会社が保有する自己株式は、議決権を有しない（会308条2項）。かかる株式にも議決権の行使を認めると、会社が自己の意思を決定す

る会議に参加することになり不自然であるからである。また、取締役などによる会社支配の手段として利用されるおそれがあるからである。

③　相互保有株式　　会社がその総株主の議決権の4分の1以上を有することその他の事由を通じて会社がその経営を実質的に支配することが可能な関係にあるものとして法務省令（会社則67条）で定める株主は、議決権を有しない（会308条1項本文かっこ書）。

株式の相互保有は、企業間の協調・系列化、株主安定化、経営者支配の強化等の手段として機能するが、会社財産の裏付けのない資本の形成（資本の空洞化）により、会社債権者が害されるおそれや、会社支配の歪曲化という問題がある。

④　特別利害関係を有する株主が有する株式　　会社が自己株式を取得する一定の場合には、自己株式取得を承認する株主総会決議において、取得の相手方となる株主は議決権を行使することができない（会140条3項・160条4項）。かかる株主に議決権行使を認めることは株主間の公平に反すると考えられるからである。

⑤　基準日後などに発行された株式など　　総会での議決権行使者を確定するための株主名簿の閉鎖期間中または基準日後に発行された株式については、その総会における議決権を有しない（会124条1項参照）。なお、会社側から議決権の行使を認めることは、基準日株主の権利を害さない限り、差支えない（会124条4項）。

⑥　その他　　裁判所の緊急停止命令によって議決権の行使を停止される株式（独禁70条の4第1項）の場合

2　議決権の代理行使

　議決権の行使につき、株主は自ら総会に出席して議決権を行使するのが原則であるが、株主は代理人によって議決権を行使することができる（会 310 条 1 項前段）。株主が個人的な事情で総会に出席できない場合や、多数の会社が同一日に株主総会を開催するために同時に複数の総会に出席できないような場合に、代理人に議決権行使を委任する。会社にとっては総会決議の定足数を確保する意味もある（もっとも、普通決議おいては定款で定足数を排除することができる。会 309 条 1 項参照）。

　代理人による議決権行使の場合、株主または代理人は代理権を証する書面を会社に提出するか、または会社の承認を得て書面に記載すべき情報を電磁的方法により提供しなければならない（会 310 条 1 項後段・3 項）。この代理権の授与は総会毎に行わなければならない（同条 2 項）。この書面または電磁的記録は決議の手続の適正を担保するため、総会の終結の日から 3 ヵ月間本店に備え置かれ、株主の閲覧または謄写に供される（同条 6 項・7 項）。なお、会社は株主が複数の代理人を総会に出席させることを拒むことができる（同条 5 項）。いわゆる総会荒らしを防ぐためである。

　※　会社法は代理人の資格については何も定めていない。しかし実際上、多くの会社は定款をもって議決権行使の代理人資格を株主に限定している。このような資格制限の効力については議論が分かれている。

【判例・学説】

　判例は、まずこのような定款の規定は、「株主総会が株主以外の第三者によって攪乱されることを防止し、会社の利益を保護する趣旨にでたものと認められ、合理的な理由による相当程度の制限ということができる」（最判昭和 43 年 11 月 1 日民集 22 巻 12 号 2402 頁）として、会社法 310 条 1 項（旧商法 239 条 2 項）に反せず有効であると解する（有効説）。そ

してこの立場を前提として、「株主である県、市、株式会社が（非株主である）その職員又は従業員を代理人として株主総会に出席させた上、議決権を行使させても、特段の事情のない限り、株主総会が攪乱され会社の利益が害される恐れはなく、かえって、右のような職員又は従業員による議決権の代理行使を認めないとすれば、株主としての意見を株主総会の決議の上に反映させることができず、事実上議決権行使の機会を奪うに等しく、不当な結果をもたらす」と判示し（最判昭和51年12月24日民集30巻11号1076頁）、非株主を代理人として認めるのが相当であるとされるときは、定款規定の効力が及ばない場合があるとする（制限的有効説）。

　地方公共団体の職員や株式会社の従業員は上司の命令に服する義務を負うことから、総会の攪乱や会社の利益が害されるおそれはないとみるわけである。これが多数説でもある。ただし、定款による株式譲渡制限の定め（会107条・108条）のある会社では、代理人資格を制限する定款規定は有効であるが、それ以外の会社では無効とする見解もある（制限的無効説）。

　しかし、会社法310条の趣旨からすれば、同条は、株主が自ら総会に出席できない場合に、株主の便宜のために、自己の信頼のおける代理人を通じて議決権行使の機会を保障しようとする強行法規であり、定款によって議決権の代理行使を全面的に排除することはもちろん、代理人の資格を制限することも認めるべきではないとする説（無効説）も有力に主張されている。

　今日のように、株主が地域的に広く分散し相互に未知の者である場合が多い現状においては、信頼に足る代理人を株主の中から選ぶことは困難である。閉鎖的な会社であれば株主数が少なくなるわけであるから、代理

人を株主中から選ぶのはいっそう困難である。代理人資格を制限しても、総会攪乱の防止には十分ではない。制限的有効説では非株主による議決権代理行使を認める基準が不明確であり、会社側の恣意に委ねられることになり、かえって不合理である。株主に株主総会の決議に主体的・積極的に関与させる機会を確立させる必要からも無効説が妥当であろう（なお、昭和44年3月6日付法務省民事局通達（商事法務484号23頁）によれば有効説を採用している）。

※　下級審判例ではあるが、定款で議決権行使の代理人資格を株主に限定している会社で、株主でない弁護士による議決権の代理行使を拒絶したところ、違法とした事例がある（神戸地尼崎支判平成12年3月28日判タ1028号288頁）。他方、判断に明確な基準がなく受付事務を混乱させるおそれが高いため相当でないとした事例もある（宮崎地判平成14年4月25日金商1159号43頁）。

3　書面投票制度

上述のように、株主には代理人による議決権の行使が認められているのであるが、実際には一般の株主は総会に出席することはあまりなく、適当な代理人を選任して議決権を行使させることもしない。そのため定足数の充足に困難を来すこともあり得る。それで、株主の数が1000人以上の株式会社では、取締役は、総会に出席しない株主が書面によって議決権を行使できることを定め（会298条1項3号・2項。取締役会設置会社では取締役会が決議する。同条4項）、招集通知に際して議決権の行使についての参考書類とともに株主が議決権を行使するための書面を交付しなければならない（会301条）。電磁的方法での招集通知を承諾した株主については参考書類および議決権行使書面は電磁的方法で交付してもよい（同条2項）。

4 電磁的方法による議決権行使（電子投票制度）

会社は、総会に出席しない株主の便宜のため（取締役会設置会社では取締役会の決議をもって）、株主が電磁的方法により議決権を行使すること（電子投票制度）を認めることができる（会 298 条 1 項 4 号。312 条）。

5 議決権の不統一行使

株主が複数の議決権を有する場合に、会社法は議決権の不統一行使を認める（会 313 条）。不統一行使の要件として、取締役会設置会社においては、総会の日から 3 日前に、会社に対して書面をもってその旨およびその理由を通知しなければならないものとされている（会 313 条 2 項）。

第 4 節 株主提案権、株主監視権、株主代表訴訟

I 株主提案権

株主提案権とは、取締役会設置会社では、少数株主権の 1 つとして、6 ヵ月前より引き続き総株主の議決権の 100 分の 1 以上または 300 個以上の議決権を有する株主は、取締役に対して会日より 8 週間（定款で短縮可）前までに書面をもって（電磁的方法も可）、一定の事項を総会の会議の目的とすべきことを請求することができる（会 303 条）（議題提案権。例として、「定款変更の件」、「取締役解任の件」などの追加提案）。この場合の 6 ヵ月の算定について、多数説および判例（東京地判昭和 60 年 10 月 29 日金商 734 号 23 頁、東京高判昭和 61 年 5 月 15 日商事法務 1079 号 43 頁）は、提案権行使のとき（書面を提出した日）から遡って株式取得の日まで、まる 6 ヵ月の期間を意味すると解する。

またこれと同じ要件で、株主は、取締役に対し、総会の会日の 8 週間前までに、総会の目的である事項につきその株主の提出しようとする議案の要領を株主に

通知することを請求することができる（会 305 条 1 項）。さらに、株主は、総会において総会の目的である事項につき議案を提出することができる（会 304 条）（議案提案権。例として、「取締役選任」の議題に対して「甲を取締役に選任する件」といった議案を提案する場合で、会社側の提案との関係では、修正案または反対提案となる）。ただし、その議案が法令・定款に違反する場合または同一議案につき議決権の 10 分の 1 の賛成を得られなかった総会から 3 年を経過していない場合には、議案を提出することができない（会 304 条）。

　株主提案権のねらいは、株主総会の審議および決議の形骸化という状況にかんがみて、株主の地位を強化し、総会を活性化することにある。株主の総会への参加意欲の高揚、総会への株主の意見の反映、会社・株主間および株主相互間の意思の疎通をはかることが本来のねらいであったが、この制度を利用して株主による住民運動や環境運動の一環とする例もみられるようになっている。

　会社が正当な理由なく株主の提案した議案の要領を、招集通知に記載しなかったときは、決議取消事由（会 831 条 1 項 1 号）となる。また、会社が正当な理由なく株主からの議題の提案に応じなかったときは、過料の制裁（会976 条 18 の 2 号）があるが、当該総会決議自体の取消事由にはならないとの判例がある（東京地判昭和 60 年 10 月 29 日前掲、東京高判昭和 61 年 5 月15 日前掲）。

Ⅱ　株主の監視権、株主代表訴訟

　株主は取締役に対して、株主総会における取締役の選任および解任、ならびに、株主による解任の訴えを通じて、取締役の行動を監視することができる。このほかに、会社法上、次にみるように、株主の取締役の違反行為に対する「差止請求の制度」と、本来、会社が追及すべき取締役の責任を個々の株主が

会社に代わって追及する「株主代表訴訟の制度」がある。

1 差止請求権

　取締役（または執行役）が会社の目的の範囲外の行為その他法令・定款に違反する行為をし、これによって会社に回復できない損害を生じるおそれがある場合には、6ヵ月前から引き続き株式を有する株主は、会社のため取締役等に対してその行為の差止を請求することができる（会360・422条）。このような差止請求権は監査役（または監査委員）にも認められる（会385条・407条）。通常は仮処分の申請をすることになる（民保23条1項）が、裁判外で請求することもできる。本来、会社に帰属する権利を株主が会社に代わって行使するものであるという意味で、後述の株主代表訴訟の提起権と同じ考えに立つものであるが、差止請求権は事前阻止的であるのに対して、代表訴訟提起権は事後救済的であるという相違がある。類似する制度として、募集株式の不公正発行等または新株予約権の発行の差止請求がある（会210条・247条）。

　この差止請求権については、株主が会社に代わって訴えを提起する代表訴訟との類似性を考慮すると、担保の提供、訴訟参加など代表訴訟に関する規定が類推適用される余地がある。

　また差止の訴えにつき、その判決の効力は、会社に及ぶ（民訴115条1項2号）。この点も、本質的に、代表訴訟と異ならない。

2 株主代表訴訟
① 株主代表訴訟（責任追及の訴え）

　取締役や執行役等の責任を追求するには、本来であれば、会社の機関がその機能の健全を図るためにその責任を追求するのが通常であると考えられ

る。しかし、取締役間の同僚意識などから責任追及が行われない可能性があり、その結果、会社並びに株主の利害が害されるおそれがある。そこで、会社法は、個々の株主が会社に代わって会社のためにみずから取締役等に対する責任を追及する株主代表訴訟を認めたのである（会 847 条）。この代表訴訟は、アメリカ法をモデルにして昭和 25 年の商法改正で導入された制度であるが、申立手数料が高額であったためにほとんど利用されることがなかった。しかし、その後、改正を重ねて（民事訴訟費用等に関する法律 4 条 2 項）で現在は一律 1 万 3000 円になり訴訟は増加傾向にある。もっとも、訴訟に勝訴しても株主に直接利益が帰属するものではない。

② **要件**

(ⅰ) 対象（会 847 条）

代表訴訟の対象になるのは、以下の場合である。

(ア) 発起人、設立時取締役、設立時監査役、役員等（取締役・会計参与・監査役・執行役・会計監査人［会 423 条 1 項］）・清算人の責任の追求

(イ) 違法な利益供与がなされた場合に、利益を受けた者からの利益返還（会 120 条 3 項：株主の権利の行使に関する利益の供与）

(ウ) 不公正価額での株式・新株予約権引受けの場合に、出資者からの差額支払（会 212 条 1 項：不公正な払込金額で株式を引き受けた者等の責任、会 285 条 1 項：不公正な払込金額で新株予約権を引き受けた者等の責任）

(ⅱ) 責任の範囲

代表訴訟においては、取締役等の責任の範囲が問題になる。取締役の責任は、会社法 423 条 1 項（役員等の株式会社に対する損害賠償責任）等に限られ、契約不履行の場合の責任は含まれないとする考え方である。しかし、

代表訴訟を特に認めた趣旨に重きを置くならば、責任の範囲を限定すべきでないと考えられる。つまり、代表訴訟の対象になる取締役等の責任には、取締役等が会社に対して負担するすべての債務が含まれると解される（判例では、不動産所有権の真正な登記名義の回復義務が取締役の責任に含まれるとしたものも見られる。大阪高判昭和54年10月30日高民集32巻2号214頁）。

(iii) 原告適格（訴訟権者）

提訴できる権利のある者は、濫訴の防止という観点から、以下の要件を満たす株主に限られる。

(ア)　6か月前から引き続き株式を有する株主でなければならない（会847条1項本文）。ただ、定款で要件を短縮することができる（同条本文括弧書）。また、公開会社でない会社では、6か月の要件は不要である（同条2項）。1株しか所有していなくても提訴できるのが原則であるが、単元株制度を使用して会社にあっては、定款の定めにより、単元未満株主の代表訴訟提起権を排除することができる（同条1項本文括弧書、会189条2項：単元未満株式についての権利の制限等）。

(イ) 原告適格の継続

例えば、代表訴訟の継続中に原告が株式を売却して株主でなくなった場合において、原告適格は原則として失われる。しかし、以下の要件を満たせば、引き続き訴訟を追行することができる（会851条1項各号）。これは、例外措置である（なお、同条2項・3項の準用規定を参照）。

(a) 株式交換または株式移転により完全子会社となる会社について係属中の責任追及等の訴えの原告が、完全親会社の株主となるとき

(b) 合併により消滅する会社について係属中の責任追及等の訴えの原告が、合併により設立される会社または合併後の存続式会社もしくはその完全親会社の株主となるとき

（iv）請求できない場合

　株主による責任追及等の訴えが、当該株主もしくは第三者の不正な利益を図りまたは当該株式会社に損害を加えることを目的とする場合には、株主は提訴請求することはできない（会847条1項ただし書）。訴権の濫用法理を明文化したものである。なお、これは訴権の濫用の一部を明文化したものに過ぎず、それ以外の濫用色の強い訴訟を排除する趣旨ではなく、広く適用される場合がある。

（v）手続

　手続は、以下の要領に基づいて行われる。

　（ア）株主は、会社に対して、書面その他の法務省令で定める方法（会社則217条）により、会社が取締役等に責任追求等の訴えを提起するように請求する（会847条1項）。その際、会社を代表するのは、株主総会で定められた者である（会353条、364条、386条2項、408条3項1号）。

　（イ）株式会社が請求後60日以内に訴えを提起しない場合、その請求した株主は、自ら取締役に対してその債務を会社に対して履行するよう、訴えを請求することができる（会847条3項）。なお、60日という期間の経過を待っていると株式会社に回復できない損害を生じるおそれがある場合には、株主は会社のために、ただちに責任追及等の訴えを提起することができる（同条5項）。

　（ウ）提訴請求を受けた会社が、訴訟を提起しなかったときは、株主からの請求により、責任追及等の訴えを提起しない理由を、書面その他の法務省令で定める方法（会社則218条）により通知しなければならない（会847条4項）。

　（エ）株主は、責任追及等の訴えを提起したときは、遅滞なく、会社に対して訴訟告知をしなければならない（会849条4項）。

　（オ）訴額（訴訟の目的の価額）は、実際の請求額ではなく、「財産権上の請求でない」請求として算定される（会847条の4第1項）。つまり、通常

の裁判では、訴額に応じて印紙税が異なるが、株主代表訴訟では、株主ではなく会社に対して賠償を求めているために、一律 1 万 3000 円になる。

　（カ）会社荒らしなどを防止するために、被告が原告株主の悪意を疎明したときは、裁判所は相当の担保の提供を命じることができる（同条 2 項・3 項）。なお、「悪意」の意義には、見解が分かれている。

> ①株主が取締役等を害することを知ることであり、害意を要しないとする見解
> ②取締役等を害する意図を言うとする見解
> ③取締役等に責任のないことを知りながら訴えを提起した場合を言うとする見解
> ④被告取締役の責任に事実的・法律的根拠のないことを知りながら、または不法不当な目的であえて訴えを提起する場合（東京高判平成 7 年 2 月 20 日判タ 895 号 252 頁）

（vi）判決の効果

　代表訴訟は、会社のために訴えを提起するものであるから、判決の効果は、勝訴・敗訴ともに会社に及ぶ（民訴 115 条 1 項 2 号）。

（vii）不当な訴訟遂行（馴合訴訟）の防止

　取締役等の責任を追及する訴えを会社が提起した場合、あるいは株主が代表訴訟として提起した場合の双方において、原告である会社または株主が、必ずしも適正に訴訟を遂行するとは限らない。

　そのために、株主または会社は、共同訴訟人として、または当事者の一方を補助するため、責任追及等の訴えにかかる訴訟に参加することができる。ただし、不当に訴訟手続を遅延させることになる場合や裁判所に対し過大な事務負担を及ぼすこととなる場合には、当該訴訟に参加することはできない（会 849 条 1 項）。

　※　なお、847 条の 2、847 条 3 も参照。

第５節　株主総会の決議方法と決議の瑕疵

Ⅰ　株主総会の決議方法

　株主総会の決議は多数決による。可否同数の場合は、議長に採決権を与えることは許されない（通説）。前述の１株１議決権の原則に反するからである（この場合は、否決と解される）。決議の方法は決議事項により一様ではなく、当該事項の重要性によって決議の方法に区別を設けている。普通決議（通常決議）、特別決議および特殊決議である。

　１　普通決議　　　法律または定款に別段の定めがない場合の決議で、議決権を行使することができる株主の議決権の過半数を有する株主が出席し（定足数）、その出席株主の議決権の過半数で決定する（会309条１項）。実際上、多くの会社では定款でこの定足数を排除している（出席株主の議決権の過半数で決議している）が、取締役、監査役および会計参与の選任・解任決議については、定款の定めをもってしても、定足数を議決権を行使することができる株主の議決権の３分の１未満にすることはできない（会341条）。

　普通決議事項として、自己株式の買受（会156条１項）、総会検査役の選任（会316条）、役員（取締役・会計参与・監査役）および会計監査人の選任・解任（会329条１項・339条１項）、役員の報酬（会361条１項・379条１項・387条１項）、計算書類の承認（会438条２項）、準備金の減少（会448条１項）、資本額の増加（会450条２項）、清算人の選任・解任（会478条１項３号・479条１項）、清算開始財産目録・貸借対照表の承認（会492条３項・497条２項）清算決算報告書の承認（会507条３項）等がある。

2　特別決議　　　特定の重要な事項（会309条2項に列挙）に関して
なされる決議で、議決権を行使することができる株主の議決権の過半数を有す
る株主が出席し（定足数。定款の定めをもってすれば3分の1まで軽減化）、
その出席株主の議決権の3分の2以上の多数で決定する（定款でこれを上
回ることも可）。また、一定の数以上の株主の賛成を要する旨その他の要件を
定款で定めることができる（同項2文）。

特別決議事項として、会社法309条2項（1号〜12号）によれば、
譲渡制限株式の譲渡不承認の場合の会社による買受（会140条2項・5
項）、特定の株主からの自己株式買受（会160条1項）、全部取得条項
付種類株式の取得（会171条1項）、相続人等に対する売渡請求（会
175条1項）、株式の併合（会180条2項）、株式の募集（会199条2項）、
株式募集事項の決定の委任（会200条1項）、株主に株式の割当てを
受ける権利を与える場合の募集株式の発行等に係る事項の決定（会202
条3項4号）、募集株式が譲渡制限株式である場合の募集株式の割当
て（会204条2項）、新株予約権の募集事項の決定（会238条2項）、
新株予約権の募集事項の決定の委任（会239条1項）、株主に新株予
約権の割当てを受ける権利を与える場合の新株予約権の募集事項の決
定（会241条3項4号）、募集新株予約権の割当て（会243条2項）、
累積投票により選任された取締役の解任・監査役の解任（会339条1項、
342条3項〜5項）、役員等の会社に対する責任の一部免除（会425
条1項）、資本金額の減少（会447条1項）、金銭以外の財産による株
主への配当（会454条4項）、定款変更（会466条）、事業の譲渡等（会
467条1項1号〜5号）、解散（会471条）、会社の継続（会473条）、
吸収合併（会783条1項・795条1項）、新設合併（会804条1項）、

吸収分割（会783条）、新設分割（会804条）、株式交換・株式移転（会783条・795条・804条）がある。

3　特殊決議

特別決議よりもさらに厳重な決議要件が課せられているもので、次の2つがある。1つは、議決権を行使することができる株主の半数以上であって（定款による要件の加重可）、その株主の議決権の3分の2以上（定款による要件の加重可）の多数をもってなされることを要する（会309条3項）。株式譲渡制限を設ける場合の定款変更（会107条1項1号）、一定の場合の吸収合併・新設合併によって消滅する会社の当該合併契約承認（会783条・804条）がこれに当たる。もう1つは、総株主の半数以上（定款による要件の加重可）であって、総株主の議決権の4分の3以上（定款による要件の加重可）の多数をもってなされることを要する（会309条4項）。公開会社でない会社が、剰余金の配当、残余財産の分配、議決権について、株主ごとに異なる扱いを行う旨を定款で定める場合が、これに当たる。

なお、役員等の責任免除の場合に、総株主の同意を要するものとされている（会424条・486条4項）が、この「同意」は総会決議を必要とするものではない。

Ⅱ　総会決議の瑕疵

株主総会の決議は、その成立手続、決議方法および決議内容がすべて法令または定款に適合するときに、初めて有効となる。したがってそのいずれかに法令または定款に違反する瑕疵があるときは、本来その決議はその効力を否定されるべきである。しかし、総会決議には多数の利害関係人が関与するとともに、決議が有効に成立したことを前提として多数の法律関係が形成される。

そのため決議の瑕疵に際しては、一律に無効として処理することは好ましくない。そこで会社法は、瑕疵の程度に応じて、決議取消の訴え（会831条）、決議無効確認の訴えおよび決議不存在確認の訴え（会830条）の3種の制度を用意している。

①　決議取消の訴え　　決議取消の訴えは、決議に関わる瑕疵が比較的軽微な場合、その決議を一応有効なものとしつつ、一定の要件のもと提起された取消の訴えにより取消判決が下されたときに、初めて遡及的に当該決議を無効とするものである。

取消事由としては、第1に、株主総会の招集手続または決議の方法が法令もしくは定款に違反しまたは著しく不公正な場合（会831条1項1号）で、例えば、株主への招集通知漏れ、取締役会決議を欠く代表取締役による招集、非株主または非代理人が決議に加わった場合、株主の出席が実際上困難な時刻や場所などに招集した場合、暴力などの圧力によって決議を成立させた場合などである。第2に、決議の内容が定款に違反する場合（同2号）で、例えば、定款で定めた員数を超える取締役の選任などの場合である。第3に、決議につき特別の利害関係を有する株主が議決権を行使したことにより著しく不当な決議がなされた場合（同3号）である。

※　昭和56年商法改正前は、特別利害関係人は議決権を行使しえないと規定されていた。公正な議決権の行使が期待されないというのが理由であったが、株主である以上、特別利害関係人にも議決権の行使は認め、決議成立後の救済措置で解決するという方法が採用されたわけである。したがって、特別利害関係人の範囲については、広くとらえて差支えないと解される。例えば、退職慰労金を支給する決議において支給を受ける者は特別利害関係人に該当すると解される（浦和地判平成12年8月18日判時1735号133頁。なお、会140条3項・160条4項・175条2項参照）。

　取消しの訴えは、決議の日から 3 カ月以内に、株主、取締役、監査役（監査
権限が会計事項に限定されている者を除く）、執行役および清算人のみが、会社
を被告として（会 834 条 17 号）、会社の本店所在地の地方裁判所に（会 835 条
1 項）提起することができる。訴え提起期間経過後に新たな取消事由を追加主張
することは許されない（最判昭和 51 年 12 月 24 日民集 30 巻 11 号 1076 頁）。株
主は、決議当時の株主でなくてもよいが、訴え提起のときから判決確定まで少なく
も 1 株を継続して有していなければならない。また、他の株主に対する瑕疵につい
ても訴えを提起することができる（通説。最判昭和 42 年 9 月 28 日民集 21 巻 7 号
970 頁）。ある株主に対する招集通知漏れなどの瑕疵によって公正な決議の成立
が妨げられるおそれがあるからである。総会決議によって解任された取締役・監査
役も自己の解任決議について決議取消を主張できる（東京高判昭和 34 年 3 月 31
日下民集 10 巻 3 号 659）。会社法はこれを明文化した（会 831 条 1 項柱書 2 文）。
数個の訴えが同時に係属する場合は、弁論および裁判を併合することが必要とさ
れる（会 837 条）。

　濫訴防止のため、株主（その株主が取締役、監査役、執行役もしくは清算人
である場合を除く）が訴えを提起したとき、裁判所は会社の請求により相当の担保
の提供を命ずることができる（会 836 条 1 項）。その場合、会社は訴えの提起が
悪意に基づくものであることを疎明しなければならない（同条 3 項）。また、総会招
集手続または決議方法が法令または定款に違反していても、その違反事実が重大
でなく、かつ、決議に影響を及ぼさないものと認められるときは、裁判所は決議取
消の請求を棄却することができる（会 831 条 2 項）。裁判所による裁量棄却である。

　例えば（平成 17 年改正前の事案であるが）計算書類と附属明細書に
つき監査役の監査を受けずになされた利益処分案の承認決議は決議の方
法につき法令違反の瑕疵があるが、監査役が監査をしようとすれば容易に

できた場合には、その瑕疵は重大なものではなく、かつ、利益処分案を含む計算書類の承認決議が発行済株式総数 1089 万株のうち 845 万株の株式を有する株主の賛成によりなされ、議決権の過半数を占める大株主はいずれも異議なく賛成していた場合には、その瑕疵は決議の結果に影響を及ぼすものではない（東京地判昭和 60 年 3 月 26 日金商 732 号 26 頁）。

　決議取消の判決が確定すると（原告勝訴の場合）、決議は遡及的に無効となり、判決の効力は第三者にも及ぶ（対世的効力）（会 838 条）。したがって、善意の第三者に不測の損害を及ぼす場合もある。そこで不実登記の効力（会 908 条 2 項）、民法の表見代理（民 109 条・110 条・112 条）などの規定の類推適用によって、善意の第三者を保護するための工夫が要請される。会社法は、会社設立無効等の場合には、特別規定で遡及効を排除する（会 839 条）。

　②　決議無効確認の訴え　　総会決議の内容が法令に違反する場合は、その決議は当然かつ絶対的に無効である。したがって、誰でもいつでもその無効を主張できる（通説）。取消の場合と異なり訴えによる必要はないが、会社法は決議無効確認の訴えについて特別の規定を設けている（会 830 条 2 項）。瑕疵ある決議の効力をめぐって争いが生じた場合、法律関係をすべての者に対する関係で確定することも必要だからである。決議無効確認の訴えについては、決議取消の訴えの場合が多く妥当するが、訴え提起期間、訴えを提起できる者の資格については何らの制限もない。

　この訴えの原因として、決議の内容が株主平等の原則に反する場合、株主有限責任の原則に反する場合、会社法 461 条違反の剰余金配当決議などがある。

　③　決議不存在確認の訴え　　総会決議が事実上存在せず、または手続

的瑕疵が著しく重大で、法律上総会決議が存在するとは認められないような場合いつでも、誰でも、どのような方法でも決議不存在を主張することができ、必要があれば決議不存在確認の訴えを提起することができる（会830条1項）。この訴えについては、決議無効確認の訴えについて述べたことがすべて妥当する。

　判例として、取締役選任決議が不存在である当該取締役によって構成される取締役会は正当な取締役会とはいえず、このような取締役会において選任された代表取締役が取締役会決議に基づき招集した株主総会における取締役選任決議は、全員出席総会等の特段の事情のない限り、法律上存在しない（最判平成2年4月17日民集44巻3号526頁）。

第6節　取締役・取締役会・代表取締役

I　取締役

1　取締役の意義

　従来、取締役は会社の業務執行機関である取締役会の構成員たる地位を有するにとどまり、それ自体としては会社の機関ではないと解するのが通説であった。しかし、会社の形態によっては取締役自身に業務執行機関および代表機関としての地位を認めなければならない。すなわち、取締役会非設置会社では、原則として、各取締役が業務を執行し（定款で別段の定め可）、2人以上いる場合は過半数で業務を執行する（定款で別段の定め可）（会348条1項・2項。なお、3項・4項参照）。また、原則として各取締役が単独で会社を代表し、他に代表取締役その他会社を代表する者を定めた場合は、その者が会社を代表する（会349条1項、2項）。代表取締役を定める場合、定款、定款の定めに基づく取締役の互選または株主総会の決議によって、取

締役の中から代表取締役を定める（会349条3項）。

　他方、取締役会設置会社では、個々の取締役はそのまま会社の機関とはならない。取締役は取締役会を構成し、この取締役会が会社の業務執行その他株主総会の権限以外の事項について意思決定する。取締役会は取締役の中から代表取締役を選定する（会362条2項・3項）。代表取締役は業務の執行をし、対外的な会社代表権を有する。

2　取締役の選任

　取締役は株主総会の普通決議で選任される（会329条1項・341条）。

　※　ただし、設立のときは発起人（会40条）がまたは創立総会（会88条）による。

　書面投票制度または電子投票制度が適用・採用される会社は、①候補者の氏名、②生年月日、③略歴、④その有する会社の株式の数、⑤他の会社の代表者であるときはその事実、⑥会社との間に特別の利害関係があるときはその旨、⑦就任の承諾を得ていないときはその旨を、総会招集通知時に交付する参考書類に記載する（会301条・302条。会社則65条参照。電磁的方法による提供も可）。2人以上の候補者を提案するときは、議決権行使書面に候補者別に株主が賛否を記入できる欄を設ける（会社則66条参照）。取締役が選任されて任用契約が締結されたときは、その氏名を登記しなければならない（会911条3項13号）。

　取締役会に少数派株主にもその持株数に応じて取締役を選出する可能性を与えるため、複数の取締役を選任する場合には、累積投票制度が認められている（会342条）。すなわち、2人以上の取締役の選任を目的とする総会の招集があったときは、株主は会社に対し会日より5日前に書面で（電磁的方法でも可）累積投票によることを求めることができる。この場合、各株主は1株につき専任すべき取締役の数と同数の議決権を有し、その全部を1人の候補者に集中して投票しても、2人以上に分散して投票してもよく、最多数の者から

順次その数まで取締役に選任される。累積投票では、1 株につき選任されるべき取締役の数だけ議決権が与えられるため、前述の 1 株 1 議決権の原則の例外となるのかという問題がある。議決権は原則通り 1 株につき 1 個であるが、数個の選任決議を一括して行うために議決権が複数になると解される。実際には、取締役会に株主間の対立が持ち込まれ経営が不安定になるおそれがあるので、大多数の会社は定款に累積投票を排除する規定を設けている。

　取締役であるための資格要件はとくにない。会社法は、取締役の欠格事由と兼任禁止を定めている。欠格事由として、①法人（会 331 条 1 項 1 号）、②会社法、一般社団法人及び一般財団法人に関する法律、金融商品取引法、民事再生法、会社更生法、破産法に定める罪に処せられその執行を終わった日または執行を受けることがなくなった日から 2 年を経過していない者、③以上の法律の規定する罪以外の罪により禁錮以上の刑に処せられ（刑 13 条・10 条・9 条）その執行が終わっていない者、またはその執行を受けないことが確定しない者（刑の執行猶予中の者を除く）が挙げられる（会 331 条 1 項）。

　兼任禁止については、まず会社法上、監査役は株式会社またはその子会社の取締役を兼ねることができず（会 335 条 2 項）、支配人または代理商は会社の許可を受けなければ、他の会社の取締役となることはできない（会 12 条 1 項 4 号・17 条 1 項 2 号）。監査等委員である取締役は、監査等委員会設置会社・その子会社の業務執行取締役・使用人・会計参与・執行役を兼ねることができない（会 331 条 3 項）。また独占禁止法上も、会社の役員または従業員は、他の会社の役員の地位を兼ねることにより一定の取引分野における競争を実質的に制限することとなる場合には、当該役員の地位を兼ねることができない（独禁 13 条）。

　定款による資格制限について、会社は定款をもってしても、取締役が株主であることを要する旨を定めることはできない（ただし、公開会社でない会社に関

しては、定款でかかる制限を置くことができる。会331条2項）。株主以外の者から広く人材を求めることができるようにするとともに、大株主を取締役とする弊をできる限り防止するためである。問題とされたのが、取締役を日本人に限定する旨の定款規定の効力で、判例は、「私法的自治の原則の範囲内に属する事柄で、公序良俗にも反しない」としている（名古屋地判昭和46年4月30日下民集22巻3＝4号549頁）。通説も、このような規定を原始定款または株主全員の一致による定款変更で定めるのは有効であるとする。

　未成年者は取締役になり得るか。会社法に規定はない。同族会社においては、未成年者も取締役となることも考えられる。この場合、未成年者が法定代理人の同意を得て取締役の職務を行うか、法定代理人が未成年者に代わって行うことになるであろう。

　取締役は3名以上でなければならない（会331条5項）（取締役会非設置会社では1人でもよい。会326条1項）。これは、会議体を構成するための最低限を定めたものであるから、定款で最低数を高め、また、最高数を定めることもできる。

　取締役の任期は、監査等委員であるもの、監査等委員会設置会社および指名委員会等設置会社以外の会社では、2年を超えることはできず（会332条1項。これは、定款または総会決議で短縮できる）、監査等委員会設置会社の場合には、取締役の任期は1年である（同条3項）。また、公開会社でない会社（監査等委員会設置会社および指名委員会等設置会社を除く）では、定款により任期を選任後10年以内に終了する事業年度のうち最終のものに関する定時株主総会の時まで伸長することが認められる（同条2項）。

3　取締役の終任

　会社と取締役との関係は委任に関する規定に従うから（会330条）、取締

役はいつでも辞任することができ（民 651 条）、委任の終了事由によって取締役は終任となる。すなわち、取締役の死亡、破産、後見開始の審判を受けたこと、会社の破産、解散によって終任となる（民 653 条）。このほか、任期の満了、解任そして前述の資格の喪失も終任事由とされる。取締役の終任は登記事項の変更に当たり、その旨の登記が必要となる（会 915 条）。

　取締役の解任について、会社は株主総会の普通決議をもって、いつでも取締役を解任することができる（会 339 条 1 項）（旧商法は特別決議事項としていたが、株主の意向をより反映させるため、普通決議とされた）。ただし、正当な事由なくその任期満了前に解任されたときは、当該取締役は会社に対して損害賠償の請求をすることができる（同条 2 項）（判例として、持病が悪化したため、その有する株式全部を譲渡し代表取締役を退任した取締役を解任したことに正当事由がないとはいえないとしたものがある。最判昭和 57 年 1 月 21 日判時 1037 号 129 頁）。この損害賠償責任は法定責任で、故意過失を要件とせず、その損害の範囲は、当該取締役が解任されなければ得られたであろう残任期間中の利益および任期満了時の利益である（大阪高判昭和 56 年 1 月 30 日下民集 32 巻 14 号 17 頁）。解任の決議が成立しなかった場合でも、当該取締役が不正の行為（例えば、会社財産を私消した場合）をし、または法令もしくは定款に違反する重大な事実があれば、6 カ月前から引き続き総株主の議決権の 100 分の 3 以上を有する株主（会 854 条 1 項 1 号。公開会社以外の会社では 6 カ月の要件は不要）あるいは 6 カ月前から発行済株式の100 分の 3 以上の株式を有する株主（同 2 号。公開会社以外の会社につき同上）は、総会の日から 30 日以内に当該取締役の解任の訴えを提起することができる（会 854 条 1 項）（なお、取締役の選任にかかる種類株式が発行されている場合（会 108 条 1 項 9 号）については、会 854 条 3 項参照）。

　取締役解任の訴えの被告は誰であるかについては、会社と取締役が共同

被告となる（会 855 条）。

　解任の効果は、解任が相手方のある単独行為であることから、被解任者に対する解任の通知によって効力を生ずると解すべきであろう。

　取締役の終任により、法律または定款で定めた取締役の員数を欠くことがある。辞任または任期満了によって退任する取締役は、新たに選任された取締役が就任するまで取締役の権利義務を有する（会 346 条 1 項）。これを取締役の「留任義務」という。辞任や任期満了以外の理由（解任や死亡など）により取締役が退任し欠員が生じた場合、裁判所は必要があると認めるときは、利害関係人の請求により、一時、取締役の職務を行うべき者を選任することができる（同条 2 項）。これを「仮取締役」という。仮取締役の権限は通常の取締役のものと同じである。仮取締役の選任は登記事項である（会 937 条 1 項 2 号参照）。ここに利害関係人とは、株主、取締役、監査役、会社の使用人および債権者などである。

　取締役の選任または解任について訴訟が係属している場合に、訴えの提起により当然職務執行停止の効力を生じさせることはできない。しかし訴訟対象となっている取締役にそのまま取締役の職務を行わせることが適当でない場合もある。そこで民事保全法の一般規定（民保 23 条 2 項）によって職務執行停止等の仮処分を申請することができ、職務代行者（代行取締役）も求めることができる（同 24 条）。この仮処分またはその変更もしくは取消は、登記事項である（会 917 条 1 号、民保 56 条）。

　職務代行者は会社の常務を行うことができるが、それ以外のことをするには仮処分に定められていること、または、裁判所の許可があることが必要である（会 352 条 1 項）。代行者がこれに違反しても、会社は善意の第三者に対して責任を負う（同条 2 項ただし書）。

　常務とは、会社において通常の営業としてされる行為をさす。新株発行、

社債の募集は常務ではない。定時総会の招集は常務であるが、臨時総会の招集は常務に属さないと解するのが判例（最判昭和 39 年 5 月 21 日民集 18 巻 4 号 608 頁、最判昭和 50 年 6 月 27 日民集 29 巻 6 号 879 頁）であり、多数説である。

4　社外取締役

　社外取締役とは、株式会社の取締役であって、以下の①～⑤要件のいずれにも該当するものをいう（会 2 条 15 号）。①現在、その株式会社またはその子会社の業務執行取締役・執行役・支配人その他使用人（以下、業務執行取締役等）でなく、かつ就任前 10 年間その株式会社または子会社の業務執行取締役等でなかったもの、②社外取締役に就任する前 10 年かのいずれかの時点で、その会社または子会社で取締役・会計参与・監査役であったことがあるものの場合には、その役職に就任する前の 10 年間、その会社または子会社で業務執行取締役等であったことがないこと、③現在、その会社の大株主（自然人）、親会社の取締役・執行役・支配人その他の使用人でないこと、④現在、その会社の兄弟会社（親会社の子会社等）の業務執行取締役等でないこと、⑤その会社の、取締役・執行役・支配人その他の重要な使用人・大株主（自然人）の配偶者・2 親等内の親族でないこと、である。

　※　社外取締役設置の義務付け

　監査役会設置会社（会社法上の公開会社かつ大会社に限る）であって株式に係る金融商品取引法上の有価証券報告書提出会社については、社外取締役を置くことが義務付けられている（会 327 条の 2）。

Ⅱ 取締役会

1 意義と権限

　株式会社は、定款の定めにより、取締役会を置くことができる（会326条2項）。公開会社、監査役設置会社、監査等委員会設置会社および指名委員会等設置会社は、取締役会を必ず置かなければならない（会327条1項）。取締役会設置会社では、取締役は3人以上でなければならない（会331条5項）。

　取締役会は、取締役全員によって構成され、業務執行に関する会社の意思決定および取締役の職務執行を監督する機関である。取締役会制度が法定されたのは、昭和25年の商法改正の際、株主総会の権限縮小に相応して、取締役の権限が拡大されたことに伴い、その権限の適正かつ慎重な行使を期したためである。なお、監査役は取締役会の構成員ではないが、取締役会に出席することが認められている（会382条、383条）。

　取締役会の権限は、取締役会設置会社の業務執行の決定、取締役の職務の執行の監督、代表取締役の選定および解職である（会362条2項）。会社法は、さらに、個別的に取締役会の決議すべき事項を定めているが、取締役会の権限がこれに限定されることはない。また、これらの法定事項の決定を代表取締役に一任することは許されない。

　会社法上、取締役会の専決事項が列挙されている（同条4項）が、それは、①重要な財産の処分および譲受け（重要性の判断基準としては、当該財産の価額、会社の総資産に占める割合、保有目的、処分の態様、従来の取扱い等の事情を総合的に考慮して判断する。最判平成6年1月20日民集48巻1号1頁）、②多額の借財（債務保証、手形債務に負担を含む）、③支配人その他の重要な使用人の選任および解任、④支店その他の重要な組織の設置、変更および廃止、⑤社債の重要な募集事項（会社則99条）、⑥取締役の職務の執行が法令および定款に適合することを確保するための体制

その他株式会社の業務の適正を確保するために必要なものとして法務省令で定める体制の整備（会社則100条）、⑦定款規定に基づく取締役等の責任の一部免除である。

　大会社にあっては、上記⑥は必ず定めなければならない（会362条5項。内部統制システム構築の基本方針決定義務）。これは、会社の計算および業務執行が適切に行われ、企業経営の効率的な運用を目的とし、併せて不祥事を防止するために、人的な組織を可視化し、手順を決めて、集団で業務に対応しようとする体制を作るものである。

　これ以外の個別的法定事項には、譲渡制限株式の譲渡による取得の承認・不承認および買取人の指定（会139条1項・140条4項）、子会社からの自己株式取得（会163条）、取得条項付株式の取得日の決定等（会168条1項・169条1項）、自己株式の消却（会178条2項）、株式の無償割当て（会186条3項）、所在不明株主の株式の売却（会197条4項）、公開会社における募集株式の発行等にかかる事項の決定（会201条1項）、1株に満たない端数の買取り（会234条5項）、公開会社における新株予約権・新株予約権付社債の発行にかかる事項の決定（会240条1項）、取得条項付新株予約権の取得日等の決定（会273条1項・274条2項）、株主総会の招集の決定（会298条2項）、取締役会の招集権者の指定（会366条1項ただし書）、取締役の競業取引または会社と取締役の利益相反取引の承認（会365条）、計算書類の承認（会436条3項）、会計監査人設置会社における剰余金の配当等の決定（会459条）、中間配当（会454条5項）、取締役会設置会社と取締役との間の訴えにおける会社の代表の選任（会364条）などがある。

業務執行を行う者として、代表取締役と代表取締役以外の取締役で取締役会決議により取締役会設置会社の業務を執行する取締役として選定された者が挙げられる（会363条1項）。

　取締役会は取締役の職務の執行を監督する（会362条2項2号）。かかる権限は、主として取締役会が代表取締役の選任権および解任権を有していることにその根拠を求められ（最判昭和48年5月22日民集27巻5号655頁）、各取締役の自覚を促し、取締役会の活性化をはかることをねらいとしている。そして、取締役会が代表取締役などの業務執行について十分に監督するために、取締役は3ヵ月に1回以上、職務の執行状況を取締役会に報告するものとされている（会363条2項）。このように取締役に報告義務を課すことで、同時に、取締役会に出席する監査役の業務・財産調査などの権限（会381条2項）の発動を促すことを期している。

　指名委員会等設置会社の取締役会の権限については、原則として、基本事項の決定、委員会構成員の選定監督および執行役の選任監督等に限定される。具体的には、①経営の基本方針、②監査委員会の職務の執行のため必要なものとして法務省令で定める事項、③執行役が2人以上ある場合における執行役の職務の分掌および指揮命令の関係その他の執行役相互の関係に関する事項、④執行役から取締役会の招集の請求を受ける取締役、⑤執行役の職務の執行が法令および定款に適合することを確保するための体制、その他会社の業務の適正を確保するために必要な体制（内部統制システム）の整備である（会416条1項）。

　取締役会は、指名委員会等設置会社の以上の職務の執行を取締役に委任することはできない（同条3項）。他方、会社法416条4項ただし書に列挙されている事項を除いて、業務決定の権限を執行役に委任することができる（同条4項本文）。このように指名委員会等設置会社にあっては、その業務

執行の決定は原則として執行役に委譲されることが前提とされている。

2　取締役会の招集

①　招集権者　　取締役会は、原則として各取締役が招集することがで
きるが、定款または取締役会で招集すべき取締役を定めた場合は、その者が
招集する（会 366 条 1 項）。実際上、定款または取締役会規則で招集権を
有する取締役を定めている。招集権者が定められた場合でも、招集の必要が
あれば、招集権者とされた取締役以外の取締役も会議の目的たる事項を記載
した書面を招集権を有する取締役に提出して（電磁的方法による提供も可）、
取締役会の開催を請求することができ（同条 2 項）、その請求にもかかわら
ず 5 日以内に、請求の日から 2 週間内の日を会日とする取締役会の招集通知
が発せられなかった場合には、請求をした取締役自らが取締役会を招集するこ
とができる（同条 3 項）。また、監査役も、取締役の不正行為、そのおそれ、
法令・定款違反の行為、著しく不当な事実があると認めるときは、取締役会の
招集請求権および招集権が認められている（会 383 条 2 項・3 項）。

　なお、取締役会設置会社で監査役設置会社および監査等委員会設置会社
および指名委員会等設置会社を除く会社では、株主にも、招集請求権および
招集権が認められている（会 367 条）。

　指名委員会等設置会社の取締役会については、例え招集権者の定めがあ
る場合であっても、指名委員会等により選定された委員も招集することができる
（会 417 条 1 項）。また、すべての執行役は取締役に対し、取締役会の目的
である事項を示して、取締役会の招集を請求することができ、請求に応えてく
れない場合には執行役自ら招集することができる（同条 2 項）。

②　招集手続　　取締役会を招集するには、会日より 1 週間前に各取締
役および各監査役に対して招集の通知を発することが必要とされる（会 368 条

1項)。これは、出席の機会と準備の時間を与えるためであるが、定款をもって
この期間を短縮することができる（同項かっこ書）。会社に緊急事態が発生し
て取締役会を緊急に開かなければならない場合もあることから、実際上ほとん
どの会社では定款でこの期間を短縮している。さらに、取締役および監査役
全員の同意があるときは招集手続を経なくても取締役会を開くことができる（同
条2項）。この場合の同意は、必ずしも明示でなくともよく、黙示であってもよい（最
判昭和31年6月29日民集10巻6号774頁、多数説）。

　招集通知の方法には制限はない。株主総会の場合と異なり、会議の目的た
る事項を示す必要はなく、したがって書面によらず口頭による通知であっても差
し支えない。判例によれば、取締役は、取締役会において、会社の業務に関
する事項に関し、いつ、いかなる提案、動議がなされても、それに必要な討議、
議決を行う義務を負うから、代表取締役の解任決議についても、取締役会開
催に先立ってあらかじめ議題として各取締役に周知させておく必要はないとされ
る（東京地判平成2年4月20日判時1350号138頁（いわゆる三越社長解
任事件）。

3　議事および決議

　①　議事　　　取締役会の議事の進行および議長について会社法は何も
定めていない。定款または取締役会規則に定めがあればそれに従う。それも
なければ、慣習または会議運営の一般原則により処理する。議長は、通常、
定款または取締役会規則により、取締役会長または社長がなる旨を定めている。
そして議長は取締役に限られる。

　取締役会の議事については議事録を作成しなければならない（会369条3
項、会社則101条。電磁的記録も可。会369条4項）。議事録には、議事
の経過の要領およびその結果を記載し、議事録が書面をもって作成されたと

きは、出席した取締役および監査役が署名しなければならない（同条3項）。取締役は、この議事録を10年間本店に備え置かなければならない（会371条1項）。取締役会設置会社の株主はその権利を行使するために必要なとき、会社の営業時間内はいつでも閲覧・謄写の請求をすることができる（監査役設置会社または監査等委員会設置会社または指名委員会等設置会社の株主は、裁判所の許可を得て、請求できる）（同条2項・3項）。また、取締役会設置会社の債権者は、役員等の責任を追及するために必要なとき、裁判所の許可を得て、閲覧・謄写の請求をすることができる（同条4項）。そして、取締役会設置会社の親会社社員は、その権利行使に必要なとき、裁判所の許可を得て閲覧・謄写の請求をすることができる（同条5項）。

　なお、決議に反対した取締役は議事録に異議をとどめておかないと不利益を受けるおそれがある（会369条5項）。

　② 決議　　取締役会は議決に加わることができる取締役の過半数が出席し、その取締役の過半数で決議する（会369条1項）。この要件は定款で加重することができる（同項かっこ書）。取締役会では、各取締役が1個の議決権を有する頭数制がとられている。この定足数は開会時のみならず会議中にも維持されるべきであり、決議時に満たされていなければ決議は無効となる（最判昭和41年8月26日民集20巻6号1289頁）。定足数算定の基礎となる取締役につき、仮処分により職務の執行を停止された取締役はその算定基礎から除外されるが、仮処分により選任された取締役の職務代行者は、その権限の範囲内の事項につき算定基礎に算入される。取締役の留任義務を有する者および仮取締役もその基礎に算入される。

　定款で、可否同数のときは議長の決するところによる旨を定めることができるかが問題となる。このような定款の定めは、決議要件を軽減するものとして無効であるとする見解（大阪地判昭和28年6月19日下民集4巻6号886頁）

もあるが、通説は、取締役会が業務執行の意思決定を行う会議体であること、株主総会ほど各取締役の議決権の平等が強く要請されていないことを理由として、このような定款の定めも有効であると解している。これは、決議要件の緩和を認めない条文の趣旨に合致しないものである。

　株主総会と異なり、代理人による議決権行使は認められていない。取締役は、その人の能力、識見、経験などの個性を重視して選任されるものであり、代理になじまないからである。また、書面による決議や持回り決議も認められない（持回り決議につき、最判昭和 44 年 11 月 27 日民集 23 巻 11 号 2301 頁）。

　決議について特別の利害関係を有する取締役は決議に参加することができない（会 369 条 2 項）。特別利害関係人である取締役の数は、取締役会の定足数および出席取締役の数に算入されない。例として、取締役の競業取引の承認（会 356 条 1 項 1 号）、取締役の利益相反取引の承認（同 2 号・3 号）、取締役と会社との間の訴訟の会社代表者の選任（会 364 条）などの取締役は特別利害関係に該当する。代表取締役の選任・解任について、選任の場合の候補者は特別利害関係人に当たらないとするのが通説である。

　解任の場合につき、判例は、「代表取締役は会社の業務を執行・主宰し、かつ会社を代表する権限を有するものであって、会社の経営、支配に大きな権限と影響力を有し、したがって、本人の意志に反してこれを代表取締役の地位から排除することの当否が論ぜられる場合においては、当該代表取締役に対し、一切の私心を去って、会社に対して負担する忠実義務に従い公正に議決権を行使することは必ずしも期待しがたく、かえって、自己個人の利益を図って行動することすらあり得るのである。それゆえ、かかる忠実義務違反を予防し、取締役会の決議の公正を担保するため、個人として重大な利害関係を有する者として、当該取締役の議決権の行使を禁止するのが相当」であるとして、解任の対象たる代表取締役は特別利害関係人に当たる旨判示した（最判昭

和 44 年 3 月 28 日民集 23 巻 3 号 645 頁）。多数説もこの判例の結論を支持する。

　取締役会への報告について、取締役全員に対し、取締役会に報告すべき事項を通知したときは、報告は要しないとされる（会 372 条）。

　③　決議の瑕疵　　取締役会の決議の瑕疵については、株主総会の場合と異なり明文規定がないので、民法の一般原則によって当然に無効と解される。したがって、誰でも、いつでも、いかなる方法によっても無効を主張することができる。しかし、決議が無効となれば、決議に基づく行為も無効となるかについては、法が取締役会の決議を必要として守るべき会社の利益と、代表者によりなされたことを信頼して取引した、善意の第三者の利益とを比較衡量して具体的に決定する必要がある。株式の分割、準備金の資本組入など会社の内部関係についての行為は無効と解されるが、社債の発行など会社の外部関係については取引の安全を優先すべきであるから、有効と解すべきであろう。支配人の選任、代表取締役の選定などは、当初は会社内部の行為であるが、後に会社の外部関係にも及ぶものであり、原則として無効であるが、善意の第三者に対してはその無効を主張できないと解すべきであろう。なお、株式会社の代表取締役が取締役会の決議を経ないで重要な業務執行に該当する取引をした場合に、取締役会の決議を経ていないことを理由とする取引の無効は、原則として会社のみが主張でき、会社以外の者は、当該会社の取締役会が取引の無効を主張する旨の決議をしているなどの特段の事情がない限り、取引の無効を主張することはできない（最判平成 21 年 4 月 17 日判時 2044 号 142 頁）。

　瑕疵ある取締役会決議に基づく総会決議は、決議取消の訴えの原因となり、また新株発行については、新株発行無効の訴えの原因となる。それぞれの訴えにより効力を争うことになる。判例によれば、新株発行のような会社の人的物

的組織に関する行為については、新株発行が会社の業務執行に準ずること、および取締役会決議が会社内部の意思決定にすぎないことから、取引の安全を考慮して瑕疵ある取締役会決議に基づく新株発行あっても有効とする（最判昭和 36 年 3 月 31 日民集 15 巻 3 号 645 頁）。また、一部の取締役に対し取締役会の招集通知を欠く場合には原則として無効であるが、その取締役が出席したとしても決議の結果に影響がないと認められる特段の事情がある場合には決議は無効とはならないとする判例もある（最判昭和 44 年 12 月 2 日民集 23 巻 12 号 2396 頁）。

Ⅲ　代表取締役

1　意義と権限

代表取締役は、指名委員会等設置会社以外の会社においては、対外的には会社を代表し、対内的には会社の業務を執行する取締役で、取締役会設置会社では必要常設の機関である。わが国では、慣行的に取締役の名称を、会長、副会長、社長、副社長、専務取締役、常務取締役（以上、役付取締役と称する）などと称するが、役付取締役と代表取締役とは別個のものであり、当然には会社代表権を有するものではない。なお、取締役会決議で、代表権のない内部的な業務執行のみを行う業務執行取締役を選定できる（会 363 条 1 項 2 号）。

代表取締役は、取締役会設置会社では、取締役会の決議をもって取締役の中から選定される（会 362 条 2 項 3 号・3 項。取締役会設置会社以外の会社につき、会 349 条 3 項参照）。したがって、代表取締役の地位を失っても取締役の地位を維持することはできる。もちろん、辞任や解任などによって取締役の地位を失えば、当然、代表取締役ではなくなる。代表取締役の任期についてはとくに規定はない。通常、取締役の任期と同一である。取締役会設

置会社の場合、取締役会は代表取締役に対する選定権を有するから、いつ
でもその決議で代表取締役を解職できる。また逆に、代表取締役はいつでも
その地位を辞任できる（民 651 条）。代表取締役の選定・解職は登記事項で
ある（会 911 条 3 項 14 号・915 条 1 項）。代表取締役の員数には制限はなく、
1 人でも複数でもよい。取締役会設置会社にあっては、取締役全員を代表取
締役とすることは違法ではないが、取締役会制度の趣旨に反するものであるか
ら、否定的に解すべきである（取締役会非設置会社で、取締役が 2 人以上
いる場合、各自が会社を代表する。会 349 条 2 項）。代表取締役に欠員を生
じた場合には、取締役の場合と同様の措置を講じる（会 351 条 1 項）。

　代表取締役の権限は、会社の業務に関する一切の裁判上または裁判外の
行為におよび、これに制限を加えても、その制限を知らない善意の第三者には
対抗できない（会 349 条 4 項・5 項）。ただし、会社と取締役間の訴訟につ
いては代表権はない（会 353 条。386 条の場合は、監査役が会社を代表す
る。また、会 408 条 1 項・2 項参照）。代表取締役の行為の効果が会社に帰
属するのではない。この点で代表と代理とは異なるが、実質的に両者間に差
違はない。

　このように、代表取締役は株式会社の業務執行機関としてその権限を行使
するのであるが、代表取締役は会社の業務に関する一切の裁判上または裁判
外の行為について自ら決定し、対外的に会社を代表する権限を固有のものとし
て有するのかどうかについては争いがある。多数説は、会社の業務執行につ
いて意思決定に関する権限とその実行に関する権限とを分けて、意思決定の
権限は取締役会に、実行の権限は代表取締役にそれぞれ専属すると解する。
すなわち、取締役会と代表取締役は並立する機関であり、業務執行権は両者
に分属するとみる（並立機関説）。この立場では、取締役会の決議事項とし
て法定されているもの以外の事項および日常の業務の決定は、取締役会から

代表取締役に委ねることができ、とくに日常の業務の決定は、代表取締役に当然委任されたものと推定すべきであるとする。

これに対し少数説は、取締役会は本来業務執行についての全権を有し、意思決定だけでなく執行それ自体をする権限も有するとみる。ただ、実際の便宜および効率的経営の観点から、取締役会の決定の執行は代表取締役が行うとし、代表取締役の権限は取締役会の権限に由来し、代表取締役はいわば取締役会の派生的機関であるとみる（派生的機関説）。この立場では、決定それ自体についても法律・定款または取締役会の決議をもって取締役会の決定に留保されていない限り、代表取締役が自ら決定をする権限を有するものとする。株式会社の機関における沿革にも合致した見解である。いずれの立場にせよ、日常の業務執行に関しては代表取締役が決定・執行し、かつ代表することになる。

代表取締役の行為が客観的にみて会社の業務に関する限り、実際には自己または会社以外の第三者の利益のために行われたものであっても、会社の行為として会社に対して効力を生じる。この場合、判例によれば、相手方が代表取締役の真意を知り、または知りうべきものであったときは、民法93条ただし書の規定を類推して、その行為は無効であると解する（最判昭和38年9月5日民集17巻8号909頁、最判昭和51年11月26日判時839号21頁）。学説では、相手方が権限濫用の事実について知っていたこと（悪意）を会社が挙証すれば、この行為によって取得した権利を会社に対し主張することは信義則（民1条2項）に反し、または権利濫用（民1条3項）として許されないと解する立場が有力である。

2 表見代表取締役

代表取締役以外の取締役は代表権を有しない。しかし、社長、副社長、専務取締役、常務取締役など、通常、代表権を有すると認められるべき名称

を付した取締役のなした行為については、会社は、例えその取締役が代表権を有しない場合であっても、善意の第三者に対して、その取締役が代表権を有していた場合と同様の責任を負わなければならない（会354条）。これは、代表権を有する取締役と信じた善意の第三者を保護し、会社と取引をする第三者に不測の損害を与えないようにするものである。外観法理または禁反言の原則に基づく制度である。このような外観上の代表取締役を表見代表取締役という。この制度は取引の安全を図るためのものであるから、訴訟行為や取引に関係のない不法行為には適用がない。

　表見代表取締役の成立要件は、第1に、社長、副社長、専務取締役、常務取締役など会社を代表する権限を有すると認めるべき名称を付していることである（外観の存在）。第2に、会社がそのような名称を付することを許したこと、すなわち外観を付与したことにつき帰責性が認められることである（外観への与因）。会社の許諾は明示であると黙示であると問わない。第3に、相手方が善意で重大な過失のないことである（外観への信頼）。

　ただし、代表取締役の氏名は登記事項であるから（会911条3項14号）、会社法908条1項によって第三者の悪意が擬制されることになる。したがって、本来表見代表取締役の問題は生じないはずである。通説は、会社法354条は908条の例外規定と解している（旧商法262条と12条の関係についての通説）。

第7節　取締役の義務〜善管注意義務、忠実義務、競業避止義務、利益相反取引〜

I　取締役と会社との関係

　取締役と会社との関係は、委任に関する規定に従うことから（会330条）、取締役は委任契約（準委任契約）に基づく受任者として、委任の本旨に従い

善良なる管理者の注意をもって委任事務を遂行する義務（善管注意義務）を負う（民644条）。取締役の善管注意義務とは、取引上一般的に要求される注意を用いるべき義務をいう。他方、会社法は取締役の義務につき、取締役は法令および定款の定め並びに総会の決議を遵守し、会社のために忠実にその職務を遂行する義務（忠実義務）を負う旨定めている（会355条）。これは昭和25年商法改正において新設された規定を継承したものである。両義務の関係が問題となるが、判例・通説は、忠実義務は善管注意義務を具体的かつ注意的に規定したものに過ぎず、忠実義務に特別の意義を認めない（最大判昭和45年6月24日民集24巻6号625頁）（これを同質説という）。

これに対し、忠実義務は英米法で認められている信託関係に基づく受任者の特殊な義務を導入したものであるとの立場もあり、善管注意義務とは異質のものであるとする（これを異質説という）。すなわち、取締役が自己または第三者のために会社の利益を犠牲にすることを防止し、取締役と会社との利益衝突の危険がある場合において、取締役はつねに会社の利益を優先させるべきことを強調する。

Ⅱ　取締役の報酬

前述のように、取締役と会社との関係は委任であるから、本来、特約がなければ取締役は報酬を請求することはできない。しかし実際上は、職務執行の対価として取締役は報酬を受けるのが原則である。取締役が受ける報酬は定款にその額が定められていない場合には、株主総会の決議（普通決議）によらなければならない（会361条、なお、会404条3項参照）。取締役の報酬を取締役会の決議に委ねたのでは、いわゆる「お手盛り」の弊害を生じる可能性があるからである。判例によれば、定款または株主総会の決議によって報酬の金額が定められなければ、具体的な報酬請求権は発生せず、取締

役が会社に対して報酬を請求することはできない（最判平成 15 年 2 月 21 日金商 1180 号 29 頁）。取締役総務部長などのような取締役と使用人の地位を兼ねる使用人兼取締役については、取締役の報酬には使用人としての給与は含まれず、取締役の分のみが規制の対象になると解する。

　退職慰労金について意見が分かれるが、通説・判例は会社法 361 条の規制対象になるとしている。実際には、退職慰労金については、その総額ないし最高限度としての金額は明らかにされず、その金額、時期、方法を取締役会に一任する旨の総会決議がなされている。この決議について最高裁は、無条件に取締役会の決定に一任することは許されないが、この決議は、その金額、支給期日、支給方法を無条件に一任した趣旨ではなく、明示的または黙示的に一定の基準を示して、取締役会がその基準に従って定めるものとしてその決定を取締役会に任せる趣旨であり、そのような決議は無効でないとしている（最判昭和 39 年 12 月 11 日民集 18 巻 10 号 2143 頁、最判昭和 48 年 11 月 26 日金商 393 号 9 頁）。ここでいう基準につき、株主総会の招集通知に添付される参考書類にその基準の内容が記載されているか、あるいはその基準を株主が知ることができるようにするための適切な措置を講じておく必要がある（会社則 82 条・94 条参照）。もっとも、その内容等について、株主総会で質問があれば、説明義務が生じる（東京地判昭和 63 年 1 月 28 日判時 1263 号 3 頁）。

　取締役の賞与も、報酬や退職慰労金と同様、総会の決議により定まる（会 361 条）が、これは毎期の剰余金処分の一部としての総会にかかる（会 461 条・454 条）。

　報酬には現金以外の現物報酬も含まれるが、新株予約権（いわゆるストック・オプション）の付与（会 238 条 1 項）については、「ストック・オプション等に関する会計基準」により、会社法 361 条の規制に服するものと解する。

　なお、役員等の責任軽減（一部免除）との関連で、報酬等を基準に責任

を軽減する措置が講じられることから（会425条1項）、個々の取締役の報酬等の額を開示する必要が高まっている（会361条2項参照）。

　指名委員会等設置会社では、報酬委員会が設けられ、そこで取締役および執行役が受ける個人別の報酬の内容の決定方針が定められる。その方針に基づき報酬の内容が確定金額、不確定金額および金銭以外のものに分け決定される。この方針は事業報告書に記載される（会404条3項・409条）。

Ⅲ　取締役の競業避止義務

　取締役が、自己または第三者のために会社の事業の部類に属する取引をするには、取締役会設置会社では、その取引について重要な事実を開示して、取締役会の事前の承認を得なければならない（会365条1項・356条1項1号）。これを取締役の競業避止義務という。取締役は会社の業務執行に関与し、事業上の秘密や顧客情報などを知り得る立場にある。それで、取締役がその地位を利用して会社の利益の犠牲において自己または第三者の利益を図るおそれがあるため、これを防止するため認められたのがこの義務である。この競業避止義務は、多数説によれば取締役に課された法定の不作為義務または委任契約上の善管注意義務の特殊義務と解されるが、前述の忠実義務の1つと解する見解も有力である。

　「自己または第三者のために」とは、「自己または第三者の計算において」の意に解するのが多数説であり判例である（大阪高判平成2年7月18日判時1378号113頁）。取締役が競業会社の事実上の主宰者としてその経営を支配し、同社のために会社の事業の部類に属する取引をすることは、「第三者のために」競業行為をすることになる（大阪高判平成2年7月18日前掲）。「事業の部類に属する取引」とは、会社の実際行う事業と市場において競合し、会社と取締役との間に利害衝突を来すおそれのある取引である。この取

引には、会社の定款記載の目的である事業に属する取引ならびにこれに付随する取引も含まれる。

　また、会社が開業の準備に着手している事業も会社の行う事業に含まれ、例えば、会社が一定の地域への進出を決意して具体的に準備をしている場合に、取締役がその地域において競業会社の代表取締役として経営することは、「会社の事業の部類に属する取引」に該当する（東京地判昭和56年3月26日判時1015号27頁「山崎製パン事件」）。取締役会において開示すべき「重要な事実」とは、取引の相手方、会社の事業の種類、性質、規模、取引範囲、取引期間など会社の利益と対立する重要な部分をいう。「承認」は事前に与えられるべきであり、個々の取引毎に行われるべきであるが、ある程度包括的な承認も可能であると解する。重要な事実を開示しないでなされた承認決議や虚偽の事実の開示に基づいてなされた承認決議は無効である。取締役会の承認に当たって当該取締役は特別利害関係人に該当する。

　承認の有無にかかわらず、競業取引をした取締役は、遅滞なくその取引について重要な事実を取締役会に報告しなければならない（会365条2項）。違反の場合、罰則の制裁がある（会976条23号）。

　取締役が競業避止義務に違反して競業取引をしても、取引自体は有効である。競業行為によって会社が損害を受けたときは、会社は損害賠償請求をすることができ（会423条）、違反した取締役を解任することができる（会339条1項）。

　損害賠償の額につき、当該競業取引によって取締役が得た利益の額が、会社の損害額と推定される（会423条2項）。

　なお、取締役会非設置会社では、株主総会の承認となる（会356条1項）。

Ⅳ　取締役と会社との利益相反取引規制

　取締役が会社の製品その他の財産を譲り受け、会社に対して自己の製品その他の財産を譲渡し、会社から金銭の貸付けを受け、その他自己または第三者のために会社と取引をするには（直接取引、自己取引ともいう）、取締役会の承認（取締役会非設置会社では株主総会の承認）を受けることを要し（会365条1項・356条1項2号）、会社が取締役の債務を保証しその他取締役以外の第三者との間で会社と取締役との利益相反する取引をするとき（間接取引）も、取締役会（または株主総会）の承認を受けることを要する（会365条1項・356条1項3号）。これは取締役がその地位を利用して、会社の利益の犠牲において自己または第三者の利益を図ることを防止することを目的としている。なお、直接取引について、取締役会（または株主総会）の承認があった場合には、民法108条の規定は適用されない（会356条2項）。

　取締役会（または株主総会）の承認を要する取引は、会社の事業の部類に属する取引に限られず、広く財産的法律行為のすべてが含まれる。しかし会社法365条（356条）の趣旨から、取締役と会社との取引であっても、利害衝突のおそれのない取引、例えば会社が取締役から無償贈与を受ける場合や、会社または取締役の債務履行行為や、会社と取締役との間の金銭債務の相殺などの行為については、取締役会（または株主総会）の承認を要しない。近似の傾向として、ある行為に利害相反があるか否かの判断を当該行為の一般的・抽象的性質によってだけでなく、実質的・具体的な行為の内容もその判断基準として採り入れている（最判昭和45年8月20日民集24巻9号1305頁）。

　手形行為が会社法365条の取締役会の承認（356条の株主総会の承認）を要する取引に該当するか否か議論がある。手形行為は既存の原因関係を決済する手段たる行為に過ぎないから利害衝突を生じるおそれはなく、本条の

適用はないとの説もあるが（もっぱら原因関係が本条に違反して無効となれば、それを人的抗弁として対抗できると説く）、多数説は、手形行為者は手形行為によって原因関係とは別の新たな債務を負担し、手形債務は抗弁の切断、挙証責任の転換により原因関係上の債務より厳格な責任を負い、しかも不渡りによる銀行取引停止処分の危険という不利益を受けるから、利害衝突を生じない行為ではなく本条の取引に含まれると解する。判例も原則として本条の取引に当たると解している（最大判昭和 46 年 10 月 13 日民集 25 巻 7 号 900 頁）。

　取締役会（または株主総会）の承認は、個々の取引について与えられるべきであるが、反復してなされる同種同型の取引について種類、期間、金額の限度など合理的範囲を定めて包括的に承認することも差支えない（最判昭和 46 年 12 月 23 日判時 656 号 85 頁）。事後承認について、多数説はこれを肯定し判例も認める（東京高判昭和 34 年 3 月 30 日東高民 10 巻 3 号 68 頁）。なお、会社の株主全員の合意がある場合、取締役会（または株主総会）の承認を要しない（最判昭和 49 年 9 月 26 日民集 28 巻 6 号 1306 頁）。

　取締役が利益相反取引をしたときは、競業取引の場合と同様、その取引についての重要な事実を取締役会に報告することを要する（会 365 条 2 項）。

　取締役会（または株主総会）の承認を経ないでなされた取引の効果については説が分かれている。会社の利益保護の要請と取引上の第三者の利益保護の要請との調和をどう図るかが問題とされる。違反行為を絶対的無効と解する立場では取引の安全が害されるので、無効ではあるが取締役会（または株主総会）の事後承認があれば有効と解する説や、行為自体は有効であるとし、損害賠償義務や取締役の解任の問題として処理する説などがみられる。判例および多数説は、会社法 356 条 2 項の規定から反対解釈として、取締役会（または株主総会）の承認のない場合には民法 108 条の適用があることになるので無権代理行為の効果を生じ、原則として違反行為は無効となるとしつつ善

意の第三者には無効を主張することができないとしている（相対的無効説）（最大判昭和 43 年 12 月 25 日民集 22 巻 13 号 3511 頁、最大判昭和 46 年 10 月 13 日民集 25 巻 7 号 900 頁）。すなわち、会社は第三者に対してその者の悪意を主張し立証した限りにおいて無効を主張できるのである。なおこの場合、取引をした取締役の側から取締役会（または株主総会）の承認のないことを理由として無効を主張することは許されない（最判昭和 48 年 12 月 11 日民集 27 巻 11 号 1529 頁）。また、ここでの「悪意」には重大な過失も含むとする見解が一般である。

第 8 節　監査役・監査役会・会計監査人・会計参与

I　監査役

1　監査役の意義

監査役は、取締役（会計参与設置会社では取締役および会計参与）の職務執行の監査にあたる株式会社の機関である（公開会社または会計監査人設置会社であって、委員会型の会社でない会社の必要的機関である）。取締役の職務執行の監査については、株主総会における取締役の選任・解任と決算の承認あるいは種々の監督是正権を通じて、株主が取締役を監督することができるが、株主自身による監督だけでは不十分なので、株式会社は定款の定めにより監査役を置くことができ（会 326 条 2 項）、株主総会で監査役を選任して（会 329 条 1 項）取締役の職務執行の監査にあたらせることにしている。

監査役の監査権限の範囲について変遷がみられ、昭和 25 年の改正では取締役会制度の導入に伴い監査権限は会計監査のみに限定されたが、取締役会による取締役の職務執行に対する監査機能が十分には果たされなかったため、昭和 49 年の改正で再び業務全般にも監査の範囲を拡大し、監査役の地位の独立性の強化を図った。同時に商法特例法を制定し、大会社につ

いては公認会計士または監査法人を会計監査人としてこれに決算の監査を行わせることとした。昭和56年の改正では、監査役の権限および独立性をさらに強化することを図り、大会社では複数監査役制・常勤監査役制を導入した。また平成5年の改正では、監査役の任期を3年とし、大会社については3人以上の監査役を強制し、そのうち1人以上は社外監査役でなければならないとするとともに、監査役会制度を導入し、多くの権限を監査役会に移行した。そして平成13年の改正では、監査役の取締役会への出席義務と意見陳述義務を法定し、監査役の任期を4年に伸長し、監査役の辞任の場合にその監査役と他の監査役に総会での意見陳述権を認め、大会社につき社外監査役の要件を強化し、必要員数を半分以上と増加し、大会社につき監査役の選任に関し監査役会の同意権と提案権を認めた。なお、平成14年の改正では、資本金1億円超の会社（大会社を除く）は、定款をもって会計監査人の監査を受けることができるようにした。他方、商法特例法上の小会社の監査役については、会計監査にその権限は限定された。

　このように会社の規模に応じた監査体制が用意されたのであるが、平成17年会社法のもとでも株式会社の規模・形態に対応した監査制度が用意されている（委員会型の会社以外の大会社で公開会社である会社は監査役会を置かなければならない。会328条1項）。

2　監査役の地位

（1）　員数、任期、資格　　　監査役の員数は1人でも数人でもよい。ただし、監査役会設置会社では3人以上でなくてはならず、半数以上は社外監査役（会2条16号）でなくてはならない（会335条3項）。複数の監査役を置く場合であっても、監査役は独任制の機関であるから、各監査役は相互に独立して職務を執行する。

任期は、選任後4年内に終了する事業年度のうち最終のものに関する定時総会の終結の時までである（会336条1項）。この任期は定款によって伸長はもちろん短縮もできない。監査役の地位の安定化を図る趣旨であり、職務に精通した監査役による監査を期待するねらいもある。この点、取締役の任期よりも厳格である。もっとも、任期満了前に退任した監査役の補欠として選任された監査役の任期は、定款をもって退任者の任期満了の時までと定めることができる（会336条3項）。なお、公開会社でない会社については、定款で定めれば、任期を10年までに伸長することができる（同条2項）。

　資格については、その欠格事由などの点は取締役と同様である（会335条1項）。また、その会社および子会社の取締役もしくは支配人その他の使用人、または子会社の会計参与もしくは執行役を兼ねることはできない（同条2項）。取締役や使用人が監査役に選任された場合、監査役就任の承諾は現職辞任の意思表示を含むと解される。顧問弁護士を監査役に選任した株主総会決議の効力が争われた事例で、最高裁は選任決議を経て被選任者の就任承諾によってはじめて選任の効力が生じるのであるから、承諾時点で兼任しているのであれば会社法335条2項違反となるが、選任決議があっただけではいまだ本条に違反するとはいえないとした（最判平成元年9月19日判時1354号149頁）。判決も就任の承諾は現職を辞任するものと解すべきとしている。なお、顧問弁護士は会社から直接指揮・命令を受ける立場にはないから、使用人には当たらない（最判昭和61年2月18日民集40巻1号32頁）。

　また直前まで取締役であった者が監査役に就任するいわゆる「横すべり監査役」についいては、監査役として監査すべき事業年度に、自己が取締役であった期間も含まれることになる。つまり「自己監査」ということになるが、判例は、横すべり監査役による自己監査についても監査適格性はあり、監査報告書にその旨を記載する必要もないとした（最判昭和62年4月21日商事法務1110

号79頁）。通説も法が自己監査自体を否定していない以上、適格性がないとまではいえないと解する。

（2）選任・終任　　最初の監査役は発起人または創立総会によって選任され（会38条2項2号・88条）、会社成立後は株主総会によって選任される（会329条1項）。会社成立後の選任決議は原則として普通決議で行われる（会341条）。その際の定足数を議決権行使することができる株主の議決権の3分の1未満にすることはできない。また、累積投票は認められていない。選任（解任）につき、監査役は株主総会において意見を述べることができる（会345条4項・1項）。監査役の地位の独立性を確保するためである。監査役の選任および変更は登記事項である（会911条3項17号）。終任事由、解任事由、少数株主による解任の訴え（会854条）、欠員の場合（会346条）の措置など取締役に準じる（解任決議は特別決議により行わなければならない。会309条2項7号）。

3　監査役の職務と権限

　監査役は取締役（会計参与設置会社では取締役および会計参与）の職務の執行を監督する機関であるから（会381条）、その監査は会計監査のみならず業務全般に及ぶ。この業務監査については取締役会も権限を有しており、これとの関係をどのように解すべきか問題になる。多数説は、取締役会との権限配分の見地から、監査役の権限は適法性の監査に限られるとする。すなわち、業務執行の合目的性・妥当性には及ばないとみるのである。

　これに対し、取締役会とは別に第三者の立場から妥当性の監査もその権限としうると主張する少数説も有力である。いずれの立場にせよ業務の全般に及ぶことから、監査役には、取締役および会計参与ならびに支配人その他の使用人に対し事業報告を求め、会社の業務および財産の状況を調査する権限

が与えられている（会381条2項）。他方、取締役には、会社に著しい損害を及ぼすおそれのある事実を発見したときは、ただちに監査役に報告しなければならない義務が課されている（会357条1項）。なお、結合企業にあって、親会社の監査役は職務を行う必要があるときは、子会社に対して事業報告を求め、場合によってはその業務および財産の状況を調査する権限が認められている（子会社調査権。会381条3項）。

監査役は取締役会に出席し、必要があると認めるときは、意見を述べなければならない（会383条1項）。さらに、取締役が会社の目的の範囲外の行為その他法令または定款に違反する行為をし、またはするおそれがある場合には、取締役・取締役会に報告しなければならず（会382条）、そのため必要があれば取締役会の招集を求め、あるいは自ら招集することができる（会383条2項・3項）。そして監査役は、取締役が株主総会に提出する議案および書類その他法務省令で定めるものを調査しなければならない。この場合に、法令もしくは定款に違反し、または著しく不当な事項があるときは、その調査の結果を総会に報告しなければならない（会384条、会社則106条）。また、各事業年度に係る計算書類および事業報告ならびにこれらの附属明細書は監査役の監査を受けなければならない（会436条1項）。取締役の法令・定款の行為により、会社に著しい損害を生じるおそれがある場合には、その行為の差止を請求することができる（会385条1項）。この場合株主とは異なり、裁判所に差止の仮処分を申請する際に担保をたてる必要はない（同条2項）。

監査役設置会社が取締役に対し、または取締役が監査役設置会社に対し訴えを提起する場合、その訴えについては監査役が会社を代表する（会386条1項）。その他、株主総会決議取消の訴え（会831条）、新株発行無効の訴え（会828条1項2号・2項2号）、資本減少無効の訴え（同条1項5号・2項5号）、合併無効の訴え（同条1項7号・2項7号）、設立無効の訴え（同

条1項1号・2項1号）等を提起し、特別清算開始（会511条1項）の申立をする権限が認められている。

　なお、公開会社でない会社（監査役会設置会社および会計監査人設置会社を除く）では、定款で、監査役の監査権限の範囲を会計監査に限定することが認められる（会389条）。

4　監査役の義務

　監査役と会社との関係は、民法の委任に関する規定に従う（会330条）。したがって、監査役は善管注意義務を負う。監査役の報酬については、取締役の報酬とは区別して定款または総会の決議で定められなければならない（会387条1項）。これには監査役の地位の独立性の確保を図るねらいがある。監査役が複数いる場合で、各監査役の報酬等について定款の定めまたは株主総会の決議がないときは、その報酬は、定款または株主総会の決議で定めた報酬等の範囲内で、監査役の協議によって定める（同条2項）。この場合の協議とは、監査役全員の同意によって決定するということである。また監査役は総会においてその報酬について意見を述べることができる（同条3項）。退職慰労金についても会社法387条を類推適用すべきであろう。

　監査役が職務の執行につき費用の前払いを請求したとき、支出した費用および利息の償還を請求したときなどにおいて監査役設置会社はその費用などが職務の執行に必要でないことを証明しなければ、その支払いを拒むことができない（会388条）。委任の一般原則に対し、監査役の地位の強化、独立性の保持、適正な職務の遂行のために、立証責任を会社側に転換している。なお、監査役は業務執行に当たるものではないので、会社と利益衝突するおそれはないことから、競業避止や利益相反取引の制限はない。

5　監査役会

　会社が、委員会型の会社以外の公開会社で大会社である場合、監査役会を置かなければならない（会328条1項。もっとも委員会型の会社以外の会社についても、監査役会を任意に置くことができる）。この場合監査役は3人以上で、かつ、その半数以上は、社外監査役でなければならない（会335条3項）。また、その監査役の互選により、常勤の監査役を定めなければならない（会390条3項）。大規模な会社における監査制度の充実を測り、その機能が十分に発揮されることを期待する制度である。複数監査役制のもとでも監査役は独任制の機関であり、各自が独立して監査役の権限を行使する。この場合の常勤について、これは監査役が経常的にその会社に勤務しているという状態を意味する。もっとも、常勤監査役と非常勤監査役との間に、法定職務権限につき何ら差はない。社外監査役については会社法2条16号に定義されている。

　監査役会の職務は、①監査報告の作成、②常勤監査役の選定・解職、③監査の方針、監査役会設置会社の業務および財産の状況の調査の方法その他の監査役の職務の執行に関する事項の決定である（会390条2項）。③については、監査役が独任制の機関であることを考慮して、監査役の権限と監査役会の権限を調整し、監査役会決議で監査役の権限行使を妨げることはできない（同項ただし書）。監査役は、監査役会の求めがあるときは、いつでもその職務の執行の状況を監査役会に報告しなければならない（同条4項）。

　監査役会の運営については、招集手続および議事録については取締役会の規定と同様である（会392条・393条2項・3項・394条）。ただ、各監査役がつねに監査役会招集権を有する点が異なる（会391条）。監査役会の決議は、監査役の過半数をもって行う（会393条1項）。なお、会計監査人の解任については、監査役の全員の同意が必要となる（会340条2項・4項）。

Ⅱ 会計監査人

1 会計監査人の意義

　会計監査人とは、計算書類およびその附属明細書・臨時計算書類・連結計算書類の監査を職務とする者である。大会社および委員会型の会社は会計監査人を置かなければならないが（会 327 条 5 項・328 条）、それ以外の会社では、その設置は会社の任意である。

　これは、大規模な会社にあっては、その株主、債権者、取引先、従業員の数も多く、経理内容も複雑であることから、その経理は適正にされることが求められる。そこで監査役による会計監査および業務監査のほかに、大会社には会計の専門家である公認会計士または監査法人から選任される会計監査人による監査を受けなければならないとされた（会 436 条 2 項参照）。

2 会計監査人の選任・終任

　会計監査人は株主総会で選任される（会 329 条 1 項）。設立の際には発起人または創立総会によって選任される（会 38 条 3 項 3 号・88 条）。取締役が選任の議案を総会に提出する場合、当該議案の内容は、監査役（監査役会設置会社の場合には監査役会・委員会型の会社の場合は監査（等）委員会）が決定する（会 344 条 1 項、399 条の 2 第 3 項 2 号・404 条 2 項 2 号）。会計監査人は総会において、会計監査人の選任について意見を述べることができる（会 345 条 5 項・1 項）。

　資格については、公認会計士または監査法人で法定の欠格事由のない者でなければならない（会 337 条 1 項・3 項）。会計監査人の位置づけとしては、従来、独立の職業専門家として会計監査の事務を委託された者にすぎないことから、会社の機関ではないとするのが多数説であった。会社法はこれに従い、会計監査人は会社の機関である役員（取締役、監査役、会計参与）とは別

の地位にあることを明らかにした（会329条1項参照）。員数については、別段の制限はない。任期は、選任後1年以内に終了する事業年度のうち最終のものに関する定時総会の時までであるが、その総会で別段の決議がなければ当然再任されたものとみなされる（会338条1項・2項）。これに反し、再任しないことを議題とするには、監査役設置会社では監査役が決定し（2人以上なら過半数）、監査役会設置会社では監査役会が委員会型の会社では監査（等）委員会が決定する（会344条1項・3項・399条の2第3項2号・404条2項2号）。会計監査人はいつでも株主総会の決議（普通決議）で解任することができるが（会339条1項）、解任を議題とするには、再任の場合と同様、監査役、監査役会等が決定する。任期中に正当な理由なく解任された会計監査人は会社に対し損害賠償を求めることができる（会339条2項）。また監査役あるいは監査役会等による解任事由も法定されている（会340条1項・4項・5項・6項）。この場合、全員一致の監査役会決議による（同条2項・4項）。なお、欠員の場合に遅滞なく後任者が選任されないときは、監査役会の決議により一時会計監査人の職務を行う者（仮会計監査人）を選任しなければならない（会346条）。

3　会計監査人の職務と権限

　会計監査人は、計算書類およびその附属明細書・臨時計算書類・連結計算書類の監査を職務とする（会396条1項）。そのために、いつでも会社の会計帳簿・資料（電磁的記録を含む）を閲覧・謄写し、取締役、会計参与、支配人その他の使用人に対して会計に関する報告を求め（同条2項）、また職務執行のため必要があれば、会社の業務および財産の状況を調査することができる。さらに子会社調査権も有する（同条3項）。会計監査人の職務遂行の際、取締役（指名委員会等設置会社の場合は取締役、執行役）の職

務遂行に関する違反行為を発見したときは、それを監査役（監査役会設置会社の場合は監査役会、監査等委員会設置会社の場合は監査等委員会）に報告しなければならない（会397条1項・4項・5項）。計算書類およびその附属明細書の適法性に関し、監査役または監査役会もしくは監査（等）委員会、または監査等委員と意見が異なるときは、会計監査人は定時総会で意見を述べることができる（会398条1項・3項・4項・5項）。定時総会において会計監査人の出席を求める決議があったときは、会計監査人は出席して意見を述べなければならない（同条2項）。取締役が会計監査人の報酬等を定める場合には、監査役（監査役会、監査（等）委員会）の同意を得なければならない（会399条）。

Ⅲ　会計参与

1　会計参与の意義

　会計参与とは、取締役（指名委員会等設置会社では執行役）と共同して、計算書類およびその附属明細書・臨時計算書類・連結計算書類の作成を職務とする者である（会374条）。その設置は会社の任意である（会326条2項。なお、会327条2項参照）。

　会計参与には取締役（または執行役）との計算書類の共同作成から、（中小会社の）計算書類の適正・正確性を高めることが期待されている。会計監査人が計算書類を監査する外部監査機関であるのに対し、会計参与は計算書類を作成する内部機関と位置づけられる。

2　会計参与の資格・選任等

　会計参与の資格については、公認会計士もしくは監査法人、または税理士もしくは税理士法人で、欠格事由のない者あるいは兼任禁止に抵触しない者

でなければならない（会333条1項・3項）。会計参与は株主総会によって選任される（会329条1項）。またいつでも解任することができる（会339条1項）。会社設立の際には発起人または創立総会によって選任される（会38条2項1号・88条）。会計参与が任期中、正当な理由なく解任されたときは、株式会社に対し損害賠償請求できる（会339条2項）。

　会計参与は、株主総会において、会計参与の選任もしくは解任または辞任について意見を述べることができる（会345条1項）。会計参与を辞任した者は、辞任後最初に招集される株主総会に出席して、辞任した旨およびその理由を述べることができ（同条2項）、取締役は、この者に対し、株主総会を招集する旨および総会の日時・場所を通知しなければならない（同条3項）。

　会計参与の任期は、選任後2年（委員会型の会社の場合は1年）以内に終了する事業年度のうち最終のものに関する定時総会の終結の時までであるが、定款または株主総会決議によって任期を短縮することができる（会334条1項・332条1項・3項）。なお、公開会社でない株式会社（委員会型の会社を除く）においては、定款で10年まで任期を伸長することができる（会334条1項・332条2項）。

　会計参与の報酬は、定款で定めていない場合は株主総会の決議による（会379条1項）。会計参与が複数いる場合、各人の報酬額は総会決議で定まった額の範囲内で、会計参与の協議により決められる（同条2項）。会計参与からの費用の請求に関しては、監査役の場合と同じである（会380条）。

3　会計参与の職務・権限

　会計参与は取締役（または執行役）と共同して、計算書類およびその附属明細書・臨時計算書類・連結計算書類を作成することを職務とし、会計参与報告を作成しなければならない（会374条1項）。会計参与は、会計帳簿・

資料（電磁的記録も含む）を閲覧・謄写し、取締役（指名委員会等設置会社では、取締役および執行役）、支配人その他の使用人に対して会計に関する報告を求め（同条 2 項）、またその職務を行うため必要があるときは、会社の業務および財産の状況を調査することができ、子会社に対しても会計に関する報告を求め、またはその業務および財産の状況を調査することができる（同条 3 項。子会社は正当な理由があるときは、報告・調査を拒否できる。同条 4 項）。

　会計参与の職務遂行の際、取締役（指名委員会等設置会社では、取締役および執行役）の職務遂行に関する不正行為や法令・定款に違反する重大な事実を発見したときは、それを株主（監査役設置会社では監査役、監査役会設置会社では監査役会、監査等委員会設置会社では監査等委員会、指名委員会等設置会社では監査委員会）に報告しなければならない（会 375 条 1 項・2 項・3 項・4 項）。

　取締役会設置会社の会計参与は、計算書類等を承認する取締役会に出席し、必要あるときは意見を述べる義務を負う（会 376 条）。また、計算書類等の作成に関する事項について、会計参与の意見と取締役（執行役）の意見とが異なる場合、計算書類等は作成できず、したがって承認のための株主総会も開催することはできない。その場合、会計参与は、株主総会において意見を述べることができる（会 377 条）。

　会計参与は、計算書類等を定時総会の 1 週間前の日から 5 年間、会計参与が定めた場所に備え置かなければならず（会 378 条 1 項）、会計参与設置会社の株主（親会社社員の場合は、権利行使のため必要なとき、裁判所の許可を得て）および債権者は、会社の営業時間内はいつでも、会計参与に対し、その閲覧・謄抄本の交付を請求することができる（同条 2 項・3 項）。

　なお、会社が会計参与を設置した旨、会計参与の氏名または名称、ならびに計算書類等を備え置く場所は登記事項である（会 911 条 3 項 16 号）。

第9節　監査等委員会設置会社・指名委員会等設置会社

1　概要

　株式会社は、定款の定めにより、監査等委員会または指名委員会等（指名委員会、監査委員会および報酬委員会、以下、3委員会）を置くことができる（会326条2項）。監査等委員会を置く株式会社を監査等委員会設置会社といい（会2条11号の2）、指名委員会等を置く株式会社を指名委員会等設置会社という（会2条12号）。

　指名委員会等設置会社では、監査役を置かず、取締役会の中に3委員会を置く。取締役は業務執行をすることができず、この場合、取締役会の権能は主に監督機能となる。このように監督機能と執行機能の分離が図られている。

　監査等委員会設置会社も取締役会設置会社ながら、監査役・執行役を置かず、監査等委員会を取締役の中に置く。取締役の一部が監査等委員となり、監査業務に当たる。この場合、取締役会は業務執行の決定を行い、取締役らの監督業務も行う。その結果、監査等委員会は取締役として妥当性監査も行うこととなる。業務執行は代表取締役がこれに当たる。

　以上のように、大会社かつ公開会社は、監査役設置会社、監査等委員会設置会社、指名委員会等設置会社の3つの選択肢がある（会328条1項参照）。

2　監査等委員会設置会社の構成

(1)取締役会

　監査等委員会における取締役会は、経営の基本方針の決定、内部統制システムの概要、その他業務執行の決定を行うとともに、取締役の職務執行を監督し、代表取締役の選定・解職を行う（会399条の13第1項・3項）。原則として取締役会は、重要な業務執行の決定を取締役に委任することがで

きない（会399条の13第4項）。しかし、取締役の過半数が社外取締役である場合、またはその旨の定款規定を置いている場合には、取締役会決議により、重要な業務執行の決定を取締役に委任することができる。

(2)監査等委員会

監査等委員は、取締役でなければならない（会399条の2第2項）。監査等委員となる取締役は他の取締役と区別して選任され（会329条2項）、任期は2年である（その他の取締役は1年）。監査等委員である取締役は、当会社その子会社で業務執行取締役や使用人を兼務できず（会331条3項）、3名以上で過半数は社外取締役でなければならない（会331条6項）。

監査等委員の報酬は、それ以外の取締役と区別して定款または株主総会決議で定められる（会361条2項）。

監査等委員は、他の監査等委員の選任・解任・辞任について株主総会で意見を述べる権利がある（会342条の2第1～3項）。また、監査等委員である取締役選任議案の同意権（会344条の2）やその報酬について株主総会で意見を述べる権利もある（会361条5項）。

監査等委員会は、すべての監査等委員である取締役から構成される。監査等委員会は、取締役・使用人などに対して報告聴取権、業務財産状況調査権を有するが、これは委員会が選定する委員のみが有し、選定された委員は委員会の議決に従わなければならない。そのほか、費用償還請求権（会399条の2第4項）、取締役会への報告義務（会399条の4）、株主総会に対する報告義務（会399条の5）がある。これらは、いわゆる妥当性監査の権限に相当する。

監査等委員会設置会社では、監査等委員以外の取締役が利益相反をする場合にその取引につき監査等委員会の承認を受けたときは、任務懈怠の推定は適用されない（会423条4項）。

3 指名委員会等設置会社の機能と構成

　指名委員会等設置会社とは、指名委員会、監査委員会、報酬委員会の3委員会を置く会社であり（会2条12号）、取締役会と会計監査人を必要的機関として置くものである（会327条1項4号・5項）。かかる3委員会を置くためには、定款の定めが必要である（会326条2項）。そして指名委員会等設置会社には監査役を置くことはできない（会327条4項）。またこの会社では、業務執行の実行を行うのは執行役（会418条）であり、代表機関として代表執行役（会420条1項）が置かれる。

　指名委員会等設置会社の仕組みとしては、取締役会の構成・権限等については、基本的には取締役会設置会社における取締役会のそれと同じで、会社の業務執行を決定し、執行役等の職務の執行を監督することである（会416条1項1号・2号）。しかし、業務執行の決定を執行役に対し大幅に委任でき（同条4項）、指名委員会等設置会社ではない取締役会設置会社では、通常、多数の取締役により構成される取締役会によって業務執行が決められるのに比べて、指名委員会等設置会社では迅速な業務執行が可能となる。また、監査役を置かない代わりに、それぞれ3人以上（それぞれ過半数は社外取締役であることを要する)で構成される前述の3委員会が置かれる(会400条)。

　【特徴】　指名委員会等設置会社は、基本的にアメリカ型の機関制度(ガバナンス機構）を採用するものである。この制度のもとでは、執行役に業務執行権限の大幅な委譲を認めて、迅速な決定をすることを可能にさせ、それとともに取締役会による業務執行に対する監督機能を大幅に強化することを図っている（上記の3委員会の設置）。この会社のねらいは、監督と執行を制度的に分離することにある。

　取締役の任期については、指名委員会等設置会社では1年とされてい

る（会 332 条 1 項・6 項）。これは、指名委員会等設置会社においては、剰余金の配当の決定を株主総会の承認事項から外すことができるため（会 459 条）、毎年の定時総会において株主に対して取締役の信を問う必要性があるからである。

（1）指名委員会

指名委員会は、株主総会に提出する取締役（会計参与設置会社ではさらに会計参与）の選任・解任に関する議案の内容を決定する（会 404 条 1 項）。この決定は、取締役会といえども修正・変更等できない。他方、執行役の選・解任権は、取締役会にある（会 402 条 2 項・403 条 1 項。後述 5 参照）。指名委員会は、委員である各取締役が招集する（会 410 条）。

（2）監査委員会

監査委員会は、取締役、執行役（会計参与設置会社では会計参与も）の職務の執行の監査および監査報告の作成、株主総会に提出する会計監査人の選任および解任ならびに再任しないことに関する議案の内容の決定を職務とする（会 404 条 2 項）。監査委員会の権限としては、取締役および執行役の職務の執行の適法性のみならず、その妥当性にも及ぶものと解される。決算に関しては、監査役と同様の権限を有し、計算書類等は取締役会の承認を得る前に監査委員会の監査を受けなくてはならない（会 436 条 2 項・3 項）。

監査委員会が選定する監査委員は、いつでも他の取締役、執行役および支配人その他の使用人に対し、その職務の執行に関する事項の報告を求め、または委員会設置会社の業務・財産の状況を調査することができる（会 405 条 1 項）。さらに、この監査委員は監査委員会の職務を執行するため必要があるときは、子会社に対し事業の報告を求め、または子会社の業務および財産の状況を調査することができる（同条 2 項。子会社は正当な理由があるときは、

報告・調査を拒否できる。同条3項）。

監査委員には、取締役または執行役が不正行為をなしもしくはなすおそれがあると認められるとき、または法令・定款に違反する事実もしくは著しく不当な事実があると認められたときは、取締役会へのその旨の報告義務が課され（会406条）、さらに執行役または取締役が会社の目的の範囲外の行為をなし、法令・定款違反の行為をなしまたはなすおそれがあり、それによって会社に著しい損害が発生するおそれがある場合には、行為の差止請求権も認められている（会407条）。

執行役または取締役と会社間の訴訟における会社代表について、監査委員が訴訟の当事者である場合には取締役会が定める者が会社を代表し、それ以外の場合には監査委員会が選定する者が会社を代表する（会408条1項）。

なお、監査委員会の委員は、委員会設置会社もしくはその子会社の執行役もしくは業務執行取締役または委員会設置会社の子会社の会計参与もしくは支配人その他の使用人または当該子会社の業務を執行する取締役を兼ねることができない（会400条4項）。これは、監査する者と監査される者とが同一の者になるからである。

(3)報酬委員会

報酬委員会は、取締役や執行役が受ける個人別の報酬の内容を決定する権限を有し（会404条3項）、この決定を取締役会は覆すことはできない。報酬委員会による、具体的な報酬の決定の方法は、まずその内容の決定に関する方針を定め（会409条1項）、それに従って、①確定金額を報酬とする場合は個人別の額を、②不確定金額を報酬とする場合は、個人別の具体的な算定方法を、③金銭以外のものの場合は、個人別の具体的な内容を定めることとなる（同条3項）。

執行役が支配人その他の使用人を兼ねている場合には、支配人その他の

使用人の報酬の内容等についても、報酬委員会が決定する（会 404 条 3 項
2 文）。これは脱法を許さない趣旨の規定である。

（4）執行役

① 執行役の権限と義務

指名委員会等設置会社では、取締役は会社の業務を執行することができな
い（会 415 条）。指名委員会等設置会社の業務執行権限は、執行役に与え
られている（会 418 条 2 号）。これは、会社の業務執行機関と監督機関を明
確に分離することこそが、会社の健全かつ持続的な発展に貢献することになる
という考えに基づくものであり（アメリカ会社法の基本姿勢である）、業務執行
をなす者に対する取締役会の監督機能の強化と改善をねらったものである。

執行役は、取締役会の決議により委任を受けた事項を決定し、会社の業
務を執行する（会 418 条）。執行役の業務執行に関する決定権限の範囲は、
取締役会から委任を受けた事項に限られるが、具体的には、①募集株式発行、
②新株予約権の発行、③社債の発行、④株式分割の決定などである。

執行役と会社との関係は委任関係である（会 402 条 3 項）。したがって、
受任者である執行役がその職務を善管注意義務をもって遂行することについ
て、取締役会が監督しなければならない。そして、この監督権限が適正に行
使されるために、執行役は 3 ヵ月に 1 回以上、取締役会において、自己の職
務の執行の状況を報告しなければならない。この場合、執行役は代理人（他
の執行役に限られる）により、その報告をすることができる（会 417 条 4 項）。
また、執行役は、取締役の要求があったときは、取締役会に出席し、取締役
会の求めた事項について説明をしなければならない（同条 5 項）。そして、執
行役は委員会の要求があったときは、その委員会に出席し、その委員会の求
めた事項について説明をしなければならない（会 411 条 3 項）。

執行役は、委員会設置会社に著しい損害を及ぼすおそれのある事実を発見

したときは、ただちに監査委員に報告しなければならない（会419条1項）。

②　執行役の選任

執行役は、取締役会の決議により選任または解任される（会402条2項・403条1項）。執行役の欠格事由は取締役と同じである（会402条4項）。執行役が取締役を兼任することは認められる（同条6項）。

執行役の任期は1年（選任後1年以内に終了する事業年度のうち最終のものに関する定時総会が終結した後、最初に開催される取締役会の終結時まで。同条7項）である。

執行役については、その職務権限の類似性から、取締役の規定が多く準用される（会419条2項）。

③　代表執行役

指名委員会等設置会社は、取締役会の決議をもって、会社を代表すべき執行役、すなわち代表執行役を選定しなければならない。執行役が1人の場合は、その者が代表執行役に選定されたものとされる（会420条1項）。代表執行役は、会社の業務に関する一切の裁判上または裁判外の行為をする権限を有し（同条3項・349条4項・5項）、代表権に加えた制限は善意の第三者に対して対抗することができない（会420条3項・349条4項・5項）。代表執行役が行った意思表示、代表執行役が受けた意思表示いずれも、その効果はすべて会社に帰属する。代表権の範囲などについての議論は、一般の会社の代表取締役に関する議論が当てはまる。

代表執行役は、いつでも、取締役会の決議をもって解職される（会420条2項）。

指名委員会等設置会社は、代表執行役以外の執行役に社長、副社長その他委員会設置会社を代表する権限を有するものと認められる名称を付した場合においては、その執行役がした行為について、善意の第三者に対してそ

の責任を負う（会 421 条）。これは、一般の会社における表見代表取締役の
規定と同趣旨で、表見代表執行役と呼ばれる。

第 10 節　役員等の責任

I　役員等の会社に対する損害賠償責任

　役員（取締役、会計参与、監査役）、執行役および会計監査人は会社に
対して委任または準委任の関係に立つことから（会 330 条）、会社に対して善
管注意義務または忠実義務に違反して損害を与えた場合には、債務不履行に
よる損害賠償責任を会社に対して負うはずである（民 415 条）。しかし、役員
等の責任はその地位の重要性を考慮すると、通常の民事責任では会社の利
益保護には十分でないため、別途、会社法で詳細な責任規定を用意している。

　1　任務懈怠一般　　役員等は、その任務を怠ったときは、会社に対し、
これによって生じた損害を賠償する責任を負う（会 423 条 1 項）。取締役の法令・
定款違反による損害がその典型例であり、これは、過失責任の原則を明示す
るものである。

　本条は、役員等の任務懈怠によって会社に損害を与えたすべての場合を含
む射程距離の非常に広い責任規定である（なお、最判昭和 47 年 4 月 25 日
判時 670 号 45 頁参照）。

　2　競業取引　　取締役または執行役が競業取引をした場合、その取引
により取締役等が得た利益の額は会社に生じた損害の額と推定される（同条
2 項）。会社の損害は、違反行為がなければ本来取得できた利益であるから、
損害額の立証は極めて困難であるため、推定規定が設けられた。

　また、利益相反取引をした場合は、取締役等については任務懈怠が推定さ
れる（同条 3 項）。そして、自己のために利益相反取引の直接取引をした取
締役等の責任は、その利益相反性の高さから、無過失責任である（会 428

条1項）。さらに、これについては、責任の一部免除（後述）さえ認められていない（同条2項）。

　3　剰余金の配当等　　会社が会社法461条1項に定める分配可能額を超えて剰余金の配当をした場合、当該業務執行者（取締役等）は、分配された額を会社に対して、金銭等の交付を受けた者と連帯して、支払う義務を負う（会462条1項）。業務執行者がその職務につき無過失であることを立証したときは、義務を免れる（同条2項）。

　なお、分配可能額を超えて分配された部分については、株主全員の同意がある場合であっても、その責任を免除することは認められない（同条3項）。このほか、欠損が生じた場合に、当該業務執行者は期末の填補責任を負う（会465条）。

　4　利益供与　　株主権行使に関する利益供与の禁止規定に違反して財産上の利益を供与したときは、その行為に関与した取締役（執行役も）は、その職務を行うにつき注意を怠らなかったことを証明しない限り、供与した利益の価額につき会社に対して連帯して弁済する責任を負う（会120条4項）。当該利益の供与をした取締役（執行役）は、無過失責任である。

II　役員等の責任の免除と軽減

　取締役等の責任については、従来、厳格な手続のもとでのみ免除することが認められた。しかし近年の株主代表訴訟の増加にともない、免除制度の他に、一定の条件のもとに責任を軽減する制度も導入された。会社法も役員等の責任の免除・軽減制度としてこれらを継承している。

　1　責任の免除　　総株主（議決権を有しない株主も含む）の同意がなければ、I1〜4に掲げた役員等の会社に対する責任を免除することができない（会424条・120条5項・462条3項）。

　2　株主総会決議による事後の軽減　　会社法 423 条 1 項の役員等の責任は、当該役員等に「職務を行うにつき善意でかつ重大な過失がないとき」は、会社法 424 条の規定にかかわらず、賠償責任を負うべき額から次に掲げる額の合計額（最低責任限度額）を控除した額を限度として、株主総会の特別決議（会 309 条 2 項 8 号）により責任の一部免除をすることができる。すなわち、

　第 1 に、当該役員等がその在職中に会社から職務執行の対価として受け、または受けるべき財産上の利益の 1 年間当たりの額に相当する額として法務省令で定める方法により算定される額（会社則 113 条）について、代表取締役または代表執行役の場合は 6 年分、代表取締役以外の取締役（業務執行取締役等である者）または代表執行役以外の執行役の場合は 4 年分、（前二者以外の）取締役、会計参与、監査役または会計監査人の場合は 2 年分（会 425 条 1 項 1 号）。

　第 2 に、当該役員等が当該株式会社の新株予約権を引き受けた場合における当該新株予約権に関する財産上の利益に相当する額として法務省令で定める方法による算定される額（同項 2 号、会社則 114 条）、である。

　この場合、取締役は取締役（監査等委員、監査委員でもある者を除く）および執行役の責任の軽減を決議する株主総会において、次の事項を開示しなければならない（会 425 条 2 項）。

　①　責任の原因となった事実および賠償の責任を負う額

　②　算定した免除の限度額およびその算定の根拠

　③　責任を免除すべき理由および免除額

監査役設置会社または監査等委員会設置会社、指名委員会等設置会社においては、取締役（監査等委員、監査委員である者を除く）および執行役の責任軽減の議案を株主総会に提出するには、監査役設置会社では監査役

全員の同意を、監査等委員会設置会社では監査等委員全員の同意を、指名委員会設置会社では監査委員全員の同意を得なければならない（同条3項）。

責任軽減の決議があった場合、会社が決議後にその役員等に対し、退職慰労金その他の法務省令で定める財産上の利益（会社則115条）を与えるときは、株主総会の承認が必要であり、その役員等が決議後に新株予約権の行使・譲渡をするときも同様である（同条4項）。また、役員等が新株予約権証券を所持するときは、会社に遅滞なく預託しなければならず、その譲渡のため返還を求めるには上記の譲渡を承認する株主総会決議が必要である（同条5項）。

3　定款の規定に基づく取締役会決議をもって行う軽減　　これは事前の責任軽減の方法である。監査役設置会社（取締役が2人以上ある場合に限る）、監査等委員会設置会社または指名委員会等設置会社は、任務懈怠に基づく会社に対する損害賠償責任について、2の場合と同じ主観的要件および責任軽減の限度で、定款において、取締役（その責任を負う取締役を除く）の過半数の同意（取締役会設置会社では取締役会決議）により責任の軽減をすることができる旨を定めることができる（会426条1項）。この場合、「責任の原因となった事実の内容、当該役員等の職務の執行の状況その他の事情を勘案して特に必要と認めるとき」に限られる。この定款の規定は登記される（会911条3項24号）。

また、会社法425条3項と同様、監査役（監査等委員、監査委員）全員の同意は、定款を変更して上記の定めを設ける議案を株主総会に提出する場合、定款の定めに基づく責任の免除（監査等委員、監査委員を除く取締役および執行役の責任の免除に限る）についての取締役の同意を得る場合および責任の免除に関する議案を取締役会に提出する場合に必要である（会426条2項）。

かかる定款の定めに基づき役員等の責任を免除する旨の同意（取締役会決議）を行ったときは、遅滞なく、次の事項を公告し（公開会社のみ）、または株主に通知しなければならない（同条 3 項）。

① 責任の原因となった事実および賠償の責任を負う額
② 算定した免除の限度額（報酬等 2 年分、4 年分、6 年分）とその算定の根拠
③ 責任を免除すべき理由および免除額
④ 免除に異議があれば一定の期間内（1 ヵ月以上）に述べるべき旨

そして、上記期間内に総株主（責任免除の対象となる株主を除く）の議決権の 100 分の 3 以上を有する株主が異議を述べたときは、会社は責任免除をすることはできない（同条 7 項）。なお、免除後の退職慰労金の支給等の規制は、2 の場合と同様である（同条 8 項・425 条 4 項）。

4 責任限定契約

これも事前の責任軽減の方法である。会社は、業務執行取締役以外の取締役、会計参与、監査役、会計監査人（以下、非業務執行取締役等という）については、2、3 の場合と同じ責任について 2 と同じ主観的要件・軽減の限度で、定款で定めた額の範囲内であらかじめ会社が定めた額と最低責任限度額とのいずれか高い額を限度とする旨の契約を、非業務執行取締役等と締結することができる旨を定款で定めることができる（会 427 条 1 項）。この定款の規定は登記される（会 911 条 3 項 25 号）。

非業務執行取締役等が当該会社またはその子会社の業務執行取締役もしくは執行役または支配人その他の使用人に就任したときは、当該責任限定契約は将来に向かってその効力を失う（会 427 条 2 項）。

この場合も、監査役（監査等委員、監査委員）全員の同意が、定款を変

更して上記の定め（監査等委員、監査委員である者を除く取締役と契約を締結することができる旨の定めに限る）を設ける議案を株主総会に提出する場合に必要である（同条3項）。

責任限定契約をした会社がその非業務執行取締役等の任務懈怠により損害を受けたことを知ったときは、その後最初に招集される株主総会において、次の事項を開示しなければならない（同条4項）。

① 責任の原因となった事実、賠償の責任を負う額および算定した免除の限度額、その算定の根拠
② 責任限定契約の内容とその契約を締結した理由
③ 任務懈怠により会社が受けた損害のうち、当該社外取締役等が責任を負わないとされた額

非業務執行取締役等が責任限定契約によって規定限度を超える部分について損害を賠償する責任を負わないとされた場合の退職慰労金の支給についての規制、新株予約権の取扱いについては②③の場合と同様である（会同条5項・425条4項・5項）。

判例によれば、会社法423条1項に基づく会社の取締役に対する損害賠償請求権の消滅時効期間は、旧商法522条所定の5年ではなく、民法166条1項による10年である（最判平成20年1月28日民集62巻1号128頁）。

Ⅲ　役員等の第三者に対する損害賠償責任

取締役等が職務を行うにつき悪意または重大な過失があったときは、その取締役等は第三者に対しても損害賠償の責任を負う（会429条1項）。本来、取締役等は会社に対する職務執行の義務を負うことはあっても、不法行為の場合（民709条）以外は、直接第三者に対して責任を負うことはないはずである。しかし、会社法は第三者に対する取締役等の責任を定めているので、

この責任の法的性質をめぐって議論がある。

　通説は、この規定をとくに第三者保護のために設けたものとみて、この責任を法定の特別責任と解する。この見解では、取締役等の任務懈怠の行為と第三者の損害との間に相当の因果関係がある限り、直接第三者が損害を被った場合と、会社が損害を被った結果、第三者にも損害を及ぼした場合とを問わず、当該取締役等は第三者に対し損害賠償の責を負うとしている。このほかの見解として、取締役等の地位にかんがみて、第三者に対する取締役等の責任は、取締役等の不法行為について軽過失による責任を免除した特別の不法行為責任であるとする説（不法行為特則説）や、責任の性質を特殊な不法行為責任とする説（特殊不法行為責任説）がある。判例は通説の立場に立っているものと解される（最大判昭和44年11月26日民集23巻11号2150頁、最判昭和49年12月17日民集28巻10号2059頁、最判平成元年9月21日金商835号3頁）。

　責任の発生・範囲・責任者につき、通説・判例によれば、悪意・重過失は取締役等の職務を行うにつき存すれば足り、直接損害・間接損害を問わないとされる。また、民法の不法行為責任との請求権の競合が認められ、民法722条2項による過失相殺も認められる（最判昭和59年10月4日判時1143号143頁）。責任の消滅時効については、一般原則に従い10年（民166条1項）とされる（最判49年12月17日前掲）。第三者の範囲については、会社以外のすべての者を指すことから、株主も一般的に含まれるとする（ただし、株主には代表訴訟提起権があることから直接損害についてのみ認める立場もある）。

　さらに第三者に対する責任が生じると場合として、次のものがある。この場合、取締役等はその無過失を立証しない限り（立証責任の転換）、この責任を負う（会429条2項）。

（1）　取締役および執行役　　　株式、新株予約権、社債・新株予約権付社債を引き受ける者の募集をする際に通知しなければならない重要な事項についての虚偽の通知、または当該募集のための当該株式会社の事業その他の事項に関する説明に用いた資料についての虚偽の記載・記録、計算書類・事業報告・これらの附属明細書・臨時計算書類に記載・記録すべき重要な事項についての虚偽の記載・記録、虚偽の登記、虚偽の公告。

（2）　会計参与　　　計算書類およびその附属明細書、臨時計算書類・会計参与報告に記載・記録すべき重要な事項についての虚偽の記載または記録。

（3）　監査役、監査等委員および監査委員　　　監査報告に記載・記録すべき重要な事項についての虚偽の記載または記録。

（4）　会計監査人　　　会計監査報告に記載・記録すべき重要な事項についての虚偽の記載・記録。

　責任者の範囲については、任務違背の行為をした取締役等は連帯して責任を負う（会430条）。代表権のないいわゆる平取締役も取締役会の構成員であるから、代表取締役に対する監視義務を有し、これを怠れば会社法429条の責任を負い、また取締役会に上程されない事項についても監視義務を負う（最判昭和48年5月22日民集27巻5号655頁）。さらには、会社に常勤せず、経営にも深く関与しないことを前提として名目的に就任した取締役（名目的取締役）についても、判例は一般的監視義務を拡大し、会社法429条による責任を肯定する（最判昭和55年3月18日判時971号101頁―旧商法266条ノ3に関する事案）。

　その他、①取締役としての就任を承諾したものの、株主総会における選任決議を欠くため、法的に取締役の地位を有しない者や、②取締役の地位を失い退任したが、その旨の登記が未了である者（以上、表見的取締役の場

合）、そして③登記簿上取締役ではないが、対外的・対内的に重要事項の決定権を有する実質的経営者である者（事実上の取締役）について、①の場合、本人の承諾は不実の登記の出現に加功したものであることから、旧商法14 条（会 908 条 2 項）の類推適用により善意の第三者に対抗できず、その結果会社法 429 条の責任を認める（最判昭和 47 年 6 月 15 日民集 26 巻 5号 984 頁）。

　②の場合、原則として会社法 429 条の責任を負わないが、辞任登記の申請をしないで不実の登記を残存させることに明示的承諾を与えていた等の特段の事情の存するときは、旧商法 14 条（会 908 条 2 項）の類推適用により善意の第三者に対し取締役でないことを対抗できず、その結果会社法 429 条の責任を認める（最判昭和 62 年 4 月 16 日判時 1248 号 127 頁）。③の場合につき、会社法 429 条の類推適用により取締役と同様の責任を認めた例がある（東京地判平成 2 年 9 月 3 日判時 1376 号 110 頁）。

　会社法 429 条は法人格否認の法理と同じような機能を果たしている。

Ⅳ　利益供与の禁止

　先に取締役・執行役の責任の 1 つとして、利益供与にかかる責任について述べた。ここで簡単に利益供与の禁止について述べる。

　会社は、自己またはその子会社の計算において何人に対しても、株主の権利の行使に関し、財産上の利益を供与してはならない（会 120 条 1 項）。これは、企業経営の健全性確保と会社財産の浪費防止を趣旨とするものであるが、いわゆる「総会屋」対策としての役割が期待される。

　禁止の対象として、株主に対する利益供与のみならず、株主以外に対する利益供与も対象に含まれる。通常、共益権や監督是正権が中心となり、権利の行使・不行使、その態様、方法等を問わず広く問題となる。

利益供与が株主の権利行使に関してなされたかの立証は、実際上困難であるので、会社が特定の株主に対して、①無償で財産上の利益の供与をしたとき、または②有償で財産上の利益の供与をした場合で、会社またはその子会社の受けた利益が当該財産上の利益に比して著しく少ないときは、その供与は株主の権利の行使に関してなされたものと推定される（同条2項）。

　この利益供与の禁止に違反した場合、当該利益の供与を受けた者は、これを会社またはその子会社に返還しなければならない（同条3項前段）。この場合、会社・子会社の返還請求につき、株主の代表訴訟が認められる。

　なお、会社またはその子会社に対して当該利益と引換に給付したものがあるときは、その返還を求めることができる（同項後段）。

　違法な利益供与に関与した取締役・執行役の責任については、すでに述べた。

　監査役が、その任務懈怠により取締役等の違法な利益供与を見逃したときは、取締役等と連帯して会社に対する損害賠償責任を負う（会423条・430条）。

　また、取締役等については、罰則がある（会970条）。

第6章

会社の計算

第 1 節　会社の計算

　会社の計算とは、会社の会計のことである。

　会社法は、株式会社の計算について詳細な規制を行っている。すなわち、「株主や会社債権者への情報開示」と「剰余金の配当限度額の算定」について定めている。

　前者は、所有と経営の分離の制度的な分離を前提に、会社の財務状況についての情報を株主に提供し、また会社財産だけが引当てである会社債権者にも情報を提供することが目的である。後者は、株主と会社債権者との利害調整のために剰余金分配を規制することが目的である。

　●　企業会計は、「公正妥当な企業会計の慣行」に従って行わなければならない（会 431 条）。これは、会社法やその委任を受けた法務省令に含まれる計算規定は必ずしも網羅的ではないこと、会社法の趣旨に反しない限り、実務を尊重すべきであることを意味する。

　ここで「公正妥当」とは、会社の財産および損益の状況を明らかにするのに適したということで、また「慣行」とは、ある程度の実践を前提とすること（新たに慣行となる見込みがあれば足りる）をいう。

　※　有価証券報告書提出会社などは、会社法およびその委任を受けて定められた法務省令の明文や趣旨に反しない限り、会社法上も、企業会計審議会等の公表した企業会計の基準が唯一の「公正妥当と認められる企業会計の慣行」となり、それらに従わねばならない。

　会社は法務省令の定めるところにより、会計帳簿を作成し（会 432 条 1 項）、会計帳簿閉鎖の時から 10 年間保存しなければならない（同条 2 項）。

　少数株主権として、会計帳簿の閲覧・謄写請求権が認められる（会 433 条 1 項・2 項）。

第2節　計算書類等の内容

　会社は事業年度毎に、①貸借対照表、②損益計算書、③株主資本等変動計算書、④個別注記表などの計算書類と⑤これらの附属明細書および⑥事業報告と⑦その附属明細書を作成しなければならない（会435条2項）。

　上記①～⑦は取締役が作成する。作成された計算書類は監査役等が監査する（会436条）。取締役会は監査を受けた①～⑦について承認を行い（同条3項）、定時株主総会の招集通知の発送の際に、株主に、①～④および⑥を提供する（会437条）。

　会計監査人設置会社では、①～④についての会計監査報告および①～④および⑥についての監査役（監査役会設置会社の場合は監査役会、指名委員会等設置会社の場合は監査委員会、監査等委員会会社の場合は監査等委員会）の監査報告が株主総会に提出される（会438条1項2号）。

　①～⑦は定時株主総会の1週間前から5年間、本店に備え置かなければならない（会442条1項）。

　①～④については株主総会の承認決議が必要となる（会438条2項）。ただし、取締役会設置会社かつ会計監査人設置会社の場合に、会計監査報告に無限定適正意見が付され、また、その会計監査報告について監査役、監査役会または監査委員会の監査報告の内容として会計監査人の監査の方法または結果を相当でないと認める意見等がないときには、計算書類は株主総会において承認を受ける必要はなく、取締役会の決議でよい（会439条）。この場合、取締役は株主総会において計算書類の内容を説明しなければならない（同条）。

　※　連結計算書類は、会計監査人設置会社（会2条11号）およびその子会社から成る企業集団の財産および損益の状況を示すために必要かつ適切なものとして法務省令で定めるものをいう（会444条1項）。これは、会社計算規則61条

では、連結貸借対照表、連結損益計算書、連結株主資本等変動計算書、連結注記表を指す。事業年度の末日に大会社でありかつ金融商品取引法上の有価証券報告書提出会社は、連結計算書類の作成を義務づけられる（会444条3項）。

第3節　資本金と準備金

(1)資本金

会社法上の資本金は、会社の存続中会社が有すべき純資産額の最低限を示す一定の計算上の数額である。

これは、主として債権者保護を目的とする会社債権者と株主の利害調整のための制度である。資本金の額に相当する純資産がある限り会社財産の処分について株主自治が認められるが、純資産が資本金の額未満となるときは、債権者保護の観点からの法規制がなされる。

(2)準備金

会社の純資産額のうち資本の額を超え、会社に留保される額を「準備金」という（会445条）。

※　準備金には、資本準備金（利益以外の財源から積み立てられる準備金—例：設立又は株式の発行に際して株主となる者が会社に対し払込・給付した財産の額のうち資本金として計上されなかった額。同条3項）と利益準備金（毎決算期の利益の一部を貯めて将来に備えるために積み立てられる準備金）があるが、会社法では、資本金払込みの場合に資本準備金が規定されるほかは、基本的に準備金を区別して規定していない。

会社に実際に払い込まれた額である「払込金額」（現物出資では給付額）の総額が資本金となるのが原則である（会445条1項）。しかし、会社に払い込まれた額の2分の1以下の額は資本金にしないで、資本準備金にすることもできる（同条2項・3項）。

　会社に剰余金が出ても全部配当できるわけではなく、配当する剰余金の10%は準備金として積み立てなければならない（同条4項）。

　※　資本金の額は登記（会911条3項5号）および貸借対照表（会440条1項、442条）により公示される。

(3)合併等の例外

　資本金・準備金の計上に関する例外として、合併・吸収分割・新設分割・株式交換・株式移転・株式交付に際して資本金または準備金として計上すべき額は、法務省令で定められている（会445条5項、会社計算35条以下）。

(4)資本金・準備金の減少・増加

　資本金の減少は株式会社の基礎的変更と考えられており、株主総会の特別決議により、a）減少する資本金の額、b）減少する資本金の額の全部または一部を準備金とするときは、その旨および準備金とする額、c）資本金の額の減少の効力発生日を定めなければならない（会447条1項、309条2項9号）。

　ただし、定時株主総会で、かつ、減少する資本金の額が定時株主総会の日（計算書類を取締役会で確定する場合は取締役会の承認があった日）における欠損の額として法務省令で定める方法により算定される額（会社計算68条）を超えない場合には、株主総会の普通決議で資本金の減少を決定することができる（会309条2項9号イ・ロ）。

　資本金の減少によって、資本金額が0円未満になることは認められない（会447条2項）。また、株式の発行と同時に資本金を減少する場合には、結果として資本金が増加するならば、株主総会の決議は不要で、取締役会設置会社では取締役会の決議（それ以外の会社では取締役の決定）で資本金の減少を行うことができる（会447条3項）。

　準備金の減少は、株主総会の普通決議により、a）減少する準備金の額、b）減少する準備金の額の全部または一部を資本金とするときは、その旨および資

本金とする額、c）準備金の額の減少の効力発生日を定めて行う（会448条1項）。

　※　債権者異議手続　　株式会社が資本金または準備金の額を減少する場合には、債権者はこの減少について異議を述べることができる。ただし、準備金のみを減少する場合であって、かつ、定時株主総会で決議し、かつ、減少する準備金の額が定時株主総会の日（計算書類を取締役会で確定する場合は取締役会の承認があった日）における欠損の額として法務省令で定める方法により算定される額（会社計算68条）を超えない場合には、異議を述べることはできない（会449条1項、会社計算151条）。

　債権者が異議を述べることができる場合には、株式会社は、a）資本金・準備金の額の減少の内容、b）会社の計算書類に関する事項として法務省令で定めるもの、c）債権者が一定の期間内（1カ月以上）に異議を述べることができる旨を官報に公告し、かつ、「知れている債権者」には、各別にこれを催告しなければならない（同条2項）。

　※※　効力発生日　　株主総会等で定めた効力発生日に生じるが、債権者保護手続が終了していないときは、終了した時点で効力が生じる（会449条6項）。なお、株式会社は、株主総会等で定めた効力発生日までは、いつでも効力発生日を変更することができる（会449条7項）。

　※※※　無効の訴え　　資本金減少の手続等に瑕疵がある場合には、訴えをもってのみ、資本金減少を無効とすることが認められる（会828条1項5号）。提訴期間は効力発生日から6カ月間、提訴権者（原告適格）は、株主等、破産管財人、資本金減少を承認しなかった債権者である（会828条1項5号・2項5号）。無効判決には対世効（会838条）はあるが、遡及効はない（会839条）（また、会835条〜837条、846条参照）。

　なお、準備金の減少については、無効の訴えは定められていない。

(5) 資本金・準備金の増加

株主総会の普通決議により、剰余金を減少して、それを資本金・準備金に組み入れることができる。この場合、株主総会で、a）減少する剰余金の額と、b）資本金または準備金の額の増加の効力発生日を定めなければならない（会450条1項・2項、451条1項・2項。ただし、会社計算26条・28条）。ただし、剰余金を0円未満にすることはできない（会450条3項、451条3項）。

第4節　剰余金の分配

1　剰余金の算出

貸借対照表上の純資産額（資産の総額から負債の総額を差し引いた額）から資本金と準備金の額を差し引いた額が「剰余金」である。

すなわち、

剰余金＝以下の①②③④の合計額−以下の⑤⑥⑦の合計額（会446条）

① 最終事業年度の末日におけるイおよびロに掲げる額の合計額からハからホまでに掲げる額の合計額を減じて得た額

 イ　資産の額

 ロ　自己株式の帳簿価額の合計額

 ハ　負債の額

 ニ　資本金および準備金の額の合計額

 ホ　法務省令で定める各勘定科目に計上した額の合計額（会社計算149条）

② 最終事業年度の末日後に自己株式の処分をした場合における自己株式の対価の額から自己株式の帳簿価額を控除して得た額

③ 最終事業年度の末日後に資本金の額を減少した場合における当該減少額（準備金組入額（会447条1項2号）を除く）

④　最終事業年度の末日後に準備金の減少をした場合における減少額（資本組入額（会448条1項2号）を除く）

⑤　最終事業年度の末日後に自己株式の消却をした場合（会178条1項）における自己株式の帳簿価額

⑥　最終事業年度の末日後に剰余金の配当をした場合における次の合計額

　イ　会社法454条1項1号（剰余金配当）の配当財産の帳簿価額の総額（会454条4項1号（現物配当の場合）に規定する金銭分配請求権を行使した株主に割り当てた当該配当財産の帳簿価額を除く）

　ロ　会社法454条4項1号（現物配当の場合）に規定する金銭分配請求権を行使した株主に交付した金銭の額の合計額

　ハ　会社法456条（現物配当の場合）に規定する基準未満株式の株主に支払った金銭の額の合計額

⑦　法務省令で定める各勘定科目に計上した額の合計額（会社計算150条）

2　剰余金分配規制

会社法は、会社財産が流出する行為について横断的に剰余金分配規制を置き、財源による規制をしている（会166条1項但書・170条5項参照）。

次の行為により株主に対して交付する金銭等の帳簿価額の総額は、その行為が効力を生じる日における剰余金の分配可能額を超えてはならない（会461条1項）。

①　譲渡制限株式の買取り（会138条1号ハ・2号ハ参照）

②　子会社からの自己株式の取得および市場取引・公開買付けによる自己

　株式の取得（会156条1項・163条・165条1項参照）

③　すべての株主に売却機会を与えてする自己株式の取得（会157条1
　　項参照）

④　全部取得条項付種類株式の取得（会173条1項参照）

⑤　相続人等への売渡請求に基づく自己株式の買取り（会176条1項参照）

⑥　所在不明株主の株式の買取り（会197条3項）

⑦　端数処理手続における自己株式の買取り（会234条4項・235条参照）

⑧　剰余金の配当

※　分配可能額　　　株主に分配するのが可能な金額のことで、会社法では
一定の方法で会社の剰余金を計算し、そこから一定の金額を差し引いた上で株主
に対する分配可能額を計算する。「剰余金の額」と株主に対して配当できる剰余
金の額である「分配可能額」は異なる。

　※※　分配可能額の算出＝（以下の①＋②）－（以下の③＋④＋⑤＋⑥）

---

①　剰余金の額

②　臨時計算書類につき株主総会等の承認（会441条4項但書の場合
　　は、441条3項の承認）を受けた場合における

　　イ　その期間の利益の額として法務省令で定める各勘定科目に計上し
　　　　た額の合計額（会社計算156条）

　　ロ　その期間内に自己株式を処分した場合における対価の額

③　自己株式の帳簿価額

④　最終事業年度の末日後に自己株式を処分した場合における対価の額

⑤　②の場合におけるその期間の損失の額として法務省令で定める各勘
　　定科目を計上した額の合計額（会社計算157条）

⑥　法務省令で定める各勘定科目に計上した額の合計額（会社計算158条）

3 剰余金の配当

剰余金とは、株主に対する分配可能額を算出する出発点となる数値である（会461条2項1号、446条）。

◆要件　a）形式的要件（手続的要件）…　剰余金の配当にあたっては、原則として、株主総会の適法な剰余金配当議案の承認決議が必要とされる（会454条）。

・　剰余金配当の決定　　原則）　剰余金の配当は、原則として株主総会の普通決議によって決定する（会454条1項）。

※　取締役会が決定できる場合　　次のイ）〜ハ）がすべて満たされている場合には剰余金配当を取締役会の決議によりなし得る。

イ）以下の条件が満たされている（会459条1項本文）

①会計監査人設置会社で、②取締役の任期が1年以内であり、③監査等委員会設置会社または指名委員会等設置会社である

ロ）以下の事項について定款の定めがある（会459条1項4号）

剰余金の配当をする場合の当該配当に関する事項（会454条1項各号、4項各号）。ただし、現物配当の場合であって株主に金銭分配請求権を与えないこととする場合を除く。

ハ）最終事業年度に関する計算書類が法令および定款に従い会社財産および損益の状況を正しく表示しているものとして法務省令（会社計算155条）で定める要件に該当する（会459条2項）。

・　配当の標準　　剰余金の配当は、株主平等の原則に従い、各株主の有する株式の数に応じてなされる（会454条3項）。ただし、優先株等異なる種類の株式に対しては、定款の定めに従い、格別の取扱いをすることができる（会454条2項）。

b）実質的要件

・　分配可能額　　　剰余金を配当するには、分配可能額が存在しなければ
ならない（会461条1項8号）。　以下の①＋②－③－④－⑤－⑥の合計額である。

　①剰余金の額（会446条）、②臨時計算書類につき株主総会への承認（会
441条4項但し書きの場合は441条3項の承認）における（i）その期間の利益
の額として法務省令で定める各勘定科目に計上した額の合計額（会社計算156条）
および（ii）その期間内に自己株式を処分した場合における対価の額。③自己株
式の帳簿価額、④最終事業年度の末日後に自己株式を処分した場合における対
価の額、⑤②の場合におけるその期間の損失の額として法務省令で定める各勘定
科目に計上した額の合計額（会社計算157条）、⑥法務省令で定める各勘定科
目に計上した額の合計額（会社計算158条）。

4　違法配当

　違法配当には、①形式的要件に瑕疵がある場合と、②実質的要件を欠く
場合との2種類がある。通常、違法配当という場合には、後者の実質的要件
を欠く場合、すなわち会社が分配可能額を超えて配当をすること（いわゆる蛸
配当）をいう。

　※　違法配当の決議は粉飾決算（債権の過大計上ないし債務の過少計上等
の手段により、不正に利益を計上すること）によってなされることが多い。

　■　違法配当の効果　　　違法配当の効果としては、①株主の会社に対す
る返還責任、②取締役・監査役等の会社に対する責任、③取締役・監査役
等の第三者に対する責任、④取締役・監査役等の刑事責任が挙げられる。
（1）株主の会社に対する返還責任　　　（a）財源規制違反の剰余金の配当
等の効力

　分配可能額（会461条2項）を超える違法な剰余金の配当（会461条1
項8号）の効力をいかに解すべきか。明文がなく問題となる。

・　立法担当者は、この場合でも有効と解する。理由は、会社法463条1項は「当該行為がその効力を生じた日」と規定しており、違法な剰余金配当も有効であることを前提としている。また、会社法461条1項は自己株式取得の財源規制についても規定しており、自己株式取得の場合に無効とすると、株主の弁済責任（会462条1項）の性質は不当利得と解することになり、株主と会社間の2つの不当利得返還請求権が同時履行の関係に立つ（民533条類推）ため、自己株式を既に他人に譲渡したり償却したりしていた場合には現物返還ができず、流出した会社財産の返還を求めることができなくなる。

・　無効説によれば、株主の弁済責任（会462条1項）の履行について、同条は不当利得返還請求権と自己株式の返還との同時履行の抗弁権排除の点についての特別規定と解する（神田）。また、分配可能額を超える剰余金の配当決議が決議内容の法令違反（会830条2項）にあたり無効であることは否定できない以上、配当の効力についても無効と解すべきである（黒沼、宮島）。

（b）株主の責任　　会社は株主に対して分配した剰余金の返還を請求できる（会462条1項柱）。また、会社債権者は直接株主に対して違法分配額を会社または自分に返還することを請求できる（会463条2項）。

※　善意の株主も返還義務を負うか？　　通説は、株主の善意・悪意は問わないとする。理由としては、違法配当は無効であるから、株主の善意・悪意を問題にする余地はない。会社法463条1項は、自ら違法行為をした業務執行者等が善意の株主に対して返還請求するのは不当であるとの見地から定められたものにすぎない。現行会社法のもとでは、会社からの返還請求に対し、返還義務を負うのは悪意で配当を受領した株主に限られないと解するのが自然である。

（2）取締役・監査役等の会社に対する責任　　（a）取締役の会社に対する責任　①業務執行者および②株主総会や取締役会に剰余金分配議案を提

案した取締役（会 462 条 1 項各号、会社計算 159 条）に対して、分配額を支払う義務を連帯責任として負わせている（会 462 条 1 項）。　（b）監査役等の会社に対する責任　　分配可能額を超えた剰余金の配当等につき、任務懈怠が認められれば、監査役等は会社に対して損害賠償責任を負う（会 423 条 1 項）。

（3）取締役・監査役等の第三者に対する責任　　取締役は、悪意または重過失により財源規制に違反した剰余金の配当をし、第三者に損害を与えたときは、損害賠償責任を負う（会 429 条 1 項）。また、429 条 2 項 1 号ロ、430 条も参照。

　会計参与・監査役・会計監査人も職務を行うにつき悪意・重過失があったときは第三者に対して損害賠償の責任を負う（会 429 条 1 項）。

　※ 429 条 2 項 2 号、3 号、4 号、430 条参照。

第7章

資金調達

会社は、その設立後、事業の運営や拡大のための資金が必要になる。会社が調達する資金は、その性格や調達方法に応じて、内部資金と外部資金、あるいは自己資本と他人資本などのように分類される。

第1節　資金調達の方法

(1)内部資金と外部資金

内部資金とは、企業の内部から資金を調達する場合であり、利潤の社内留保、減価償却費等が挙げられる。

①利潤の社内留保　…　会社が得た利益を、資本準備金、利益準備金（会445条）、引当金等の名目で株主に配当せず、会社に留保する場合をいう。

②減価償却　…　複数の営業年度（会計期間）にわたって使用される有形固定資産の取得原価を、その資産を使用できる期間にわたって配分する手続である。

外部資金とは、企業の外部から資金を調達する場合であり、企業が返済する義務を負うか否かにより、「自己資本（返済義務を負わない場合）」と「他人資本（返済義務を負う場合）」に分けられる。

①自己資本　…　募集株式の発行等による場合であり、多額かつ長期の資金調達が可能となる。

②他人資本　…　一般の消費貸借による借入金や企業間信用（支払手形や買掛金）の他、大量かつ長期の資金調達を可能とするものとして社債がある。

第 2 節　募集株式発行等

　募集株式の発行等とは、会社成立後に株式引受人を募集することによって株式を発行すること（通常の株式発行）、および自己株式を処分することをいう。

　※　現行会社法では、新株発行と自己株式の処分の両方について、「募集株式」の発行等として統一的に規律する。

　株式発行とは、発行済株式総数が増加する場合を総称する学問上の概念である。

　株式発行には、会社法 199 条以下の手続に従って行われる場合と、その他の場合とがあり、一般に前者を「通常の株式発行」といい、後者を「特殊な株式発行」という。

　特殊な株式発行には、①取得請求権付株式・取得条項付株式・全部取得条項付種類株式の取得にあたって株式を対価とする場合（会 108 条 2 項 5 号ロ、6 号ロ、171 条 1 項 1 号イ）、②株式分割（会 183 条）、③株式無償割当て（会 185 条）、④新株予約権の行使（会 280 条）、⑤吸収合併（会 749 条、750 条）、⑥吸収分割（会 758 条、759 条）、⑦株式交換（会 768 条、769 条）等の場合における株式の発行によるものがある。

（1）　募集株式の発行等の方法

①株主割当て：株主に対して割当てを受ける権利を与えて募集株式の発行等を行う場合（会 202 条）。株主にその持株数と関係なしに株式の割当てを受ける権利を与えるときは、「第三者割当て」となる。

②その他の方法：公募発行（広く一般投資家から募集株式を引き受ける者を募集する方法）と第三者割当て（特定の第三者に募集株式を

割り当てて資金を調達する方法)。

(2) 募集株式の発行等の効力の発生　払込期日を定めた場合には、払込み・給付のあった募集株式については払込期日からその発行等の効力が生じる（会 209 条 1 号）。払込期間を定めた場合には、募集株式の引受人は出資の履行をした日に募集株式の株主となる（会 209 条 2 号）。

(3) 既存株主との利害調整　募集株式の発行等は会社の人的・物的規模の拡大をもたらすものである。したがって、既存株主の地位に影響を与えることになる。すなわち、既存株主の持株比率の低下と、株式の発行価額いかんによっては株価が下落し、既存株主が経済的損失を被るおそれがある。

① 持株比率の保護　・公開会社の場合）…募集株式の発行等による持株比率の低下は、株主に割当てを受ける権利を与える（202 条）ことにより防ぐことができるが、会社法は既存株主保護よりも募集株式の発行等による資金調達の迅速性を重視し、株主に割当てを受ける権利を与えるか否かを取締役会の決定に委ねている。

※　株主以外の者に割り当てた場合、公開会社であれば既存株主は他の株主からの株式譲受けによって持分比率を回復する余地があることが、取締役会の決定に委ねる許容性の根拠となっている。また、公開会社においても、定款で定めれば募集株式の発行等に係る事項の決定を株主総会の権限となし得る（295 条 2 項）。

・公開会社でない株式会社の場合）…募集事項の決定には株主総会の特別決議が必要とされており（199 条 1 項、2 項・309 条 2 項 5 号）、その限度で既存株主の持株比率維持の利益は保護されている。

② 経済的利益の保護

◇ 第三者に対する有利発行

a) 公開会社の場合　…公開会社における第三者に対する有利発行につい

て、取締役は株主総会において、当該払込金額でその者の募集をすることを
必要とする理由を説明せねばならず（199 条 3 項）、その決定には、株主総
会の特別決議が必要とされている（201 条、199 条 2 項、3 項・309 条 2 項 5 号）。

　※　株主総会の特別決議を必要とする趣旨　…株主以外の第三者に募集株式
の発行等を行う場合　➡既存株主に株価下落による経済的損失を与えないよう、
株式の時価を基準とする公正な価額で発行するのが原則である。しかし、時価で
あれば市場でも入手できるため、割当先の確保等の必要性から、時価を下回る価
額で第三者割当てによる募集株式の発行等がなされる場合がある。そこで、「特
に有利な金額」をもって第三者に対し募集株式の発行等をする場合、既存株主
保護のため、一定事項について株主総会の特別決議を経なければならないものと
した。

　◆「特に有利な金額」の意義　《問題点》第三者に対して「特に有利な
金額」で募集
株式の発行等をする場合、株主総会の特別決議が必要である（201 条 1 項、
199 条 2 項、3 項・309 条 2 項 5 号）。そこで「特に有利な金額」の意義が
問題となる。

　募集株式の第三者割当てにおいては、旧株主保護の見地から、新株主に
も旧株主と同様の資金的寄与を求めるべきである。しかし、旧株主保護の他に、
資金調達の目的達成の可能性という観点からの考慮が必要であり、また、払
込金額決定時から募集株式の発行等の時までの間に株価が下落する場合もあ
り得るから、払込金額決定時における時価をある程度下回る価額による発行
等も許されると解すべきである。よって、「特に有利な金額」とは、通常募集
株式の発行等をする場合に払込金額すべき公正な金額に比べて特に有利な
金額をいい、払込金額決定時における当該会社の株式の時価を基準に、
それから数%割り引いた額を下回るものをいう。

※　投機により株価が高騰している場合

　〈裁判例〉株式が株式市場で投機の対象となり、株価が著しく高騰した場合にも、市場価格を基礎とし、それを修正して公正な発行価額を算定しなければならない。…もっとも、株式が市場においてきわめて異常な程度にまで投機の対象とされ、その市場価格が企業の客観的価値よりもはるかに高騰し、しかも、それが株式市場における一時的現象に止まるような場合に限っては、市場価格を、新株発行における公正な発行価額の算定基礎から排除することができるというべきである（いなげや・忠実屋事件・東京地決平元・7・25）。

　b）公開会社でない株式会社の場合　…かかる株式会社においては、第三者に対する有利発行について、取締役は株主総会において、当該払込金額でその者の募集をすることを必要とする理由を説明せねばならない〈199条3項〉。有利発行か否かを問わず、株主総会の特別決議により、募集事項を決定するとされている。かくして既存株主保護が図られている〈199条1項、2項・309条2項5号〉。

　◇　募集株式の発行等の差止請求権（210条）　　これは、株式会社が①法令もしくは定款に違反し、または②著しく不公正な方法によって募集株式を発行または自己株式を処分し、③これによって株主が不利益を受けるおそれのある場合に、その株主が会社に対して、その発行等をやめるべきことを請求し得る権利である。

　※　この募集株式の発行等の差止めは、不公正発行により不利益を受ける株主の個人的な利益の保護を目的とするものであるが、差止請求権行使の効果は当該株主の利益範囲を超えて全体に及ぶ。

　◆「著しく不公正な方法」の意義　　「著しく不公正な方法」による募集株式の発行等とは、不当な目的を達成する手段として株式を発行するような場合をいう。例）①取締役が会社支配力維持のために自己または関係者に株式の発行等をする場合、②定款に定められた株主の割当てを受ける権利の行使を避けるために、不必要な現物出資をさせる場合、③少数の株式を有するにすぎない株主の割当てを受ける権利の行使を妨げるために、不必要に大量の端数を生ずるような募集株式の発行等をする場合。

　※　特定の株主の持株比率を低下させることを目的とする発行等　　《問題点》公開会社が敵対的買収の対象となっている場合などにおいて、買収を企図している者の持株比率を低下させるため、募集株式の発行等をすることがある。かかる場合、買収を企図している者は募集株式の発行等をやめるよう請求することができるか？企業買収に対抗する目的による募集株式の発行等が、「著しく不公正な方法」（210条2号）による発行等に当たるかが問題となる。

　○　公開会社において募集株式の発行等の権限が取締役会に与えられている（201条）のは、会社の資金調達の必要性に迅速に対応し得るようにするためである。ならば、特定株主の持株比率を低下させる目的が、資金調達等の他の目的に優越し、それが主要目的といえる場合には、不公正発行等に当たるというべきである。そして、かかる目的の立証は容易でないから、特定の株主の持株比率が著しく低下することを会社が認識しつつ募集株式の発行等をした場合は、特段の事情がない限り不公正発行等に当たると解する。

　・　主要目的ルールによる見解　〈裁判例〉特定の株主の持株比率が低下するという一事を以て不公正発行等に当たるわけではないが、特定株主の持株比率を低下させ、経営支配権を維持・確保する目的が資金調達等の他の目的に優越し、それが主要目的といえる場合には、不公正発行等に当たる。

第3節　募集に係る責任

(1) 不公正な払込金額で株式を引き受けた者の責任

取締役等と通じて著しく不公正な金額で募集株式を引き受けた引受人は、会社に対し、その払込金額とその募集株式の公正な価額との差額に相当する金額を支払う義務を負う(212条1項1号)。ここで「著しく不公正な払込金額」とは、旧株式の市価や会社の資産状態、収益力、市況の見通し等からみて、不当に低い払込価額をいう。この責任は通謀を要件としているから、一種の不法行為責任に基づく損害賠償責任であるが、実質的には公正な価額との差額の支払いを内容とするので、追加出資義務の性質を有する。この責任の追及には株主による代表訴訟が認められている（847条）。この株主代表訴訟は、引受人（取締役等と通謀して著しく不公正な払込金額で引き受けた引受人）を被告として差額の返還請求訴訟を提起するものである。

(2) 現物出資財産の価額が著しく不足する場合

・現物出資者の責任　…現物出資者の実際に給付した現物出資財産の価額が、募集事項で定めた価額に著しく不足する場合には、当該出資者は不足額を株式会社に対して支払う義務を負う（212条1項2号）。引受人が、著しく不足することにつき善意かつ重過失がない場合には、引受人は、引受申し込みまたは総数引受契約を取り消すことができる（同条2項）。

・取締役等の責任　…上述と同様著しく不足する場合、取締役等も不足額を株式会社に対して、現物出資者と連帯して支払う義務を負う（213条、会社規則44～46条）。

第4節　新株発行・自己株式処分無効の訴え

無効原因については、明文規定がないため解釈に委ねられている。

基本的に株式取引安全の見地から、重大な法令・定款違反の場合に限る

とされる。

　例として、①定款所定の株式数（113条）を超える募集株式の発行、②定款の定めのない種類の株式（108条）の発行、③定款に定められた株式の割当てを受ける株主の権利を無視してされた発行、があるが、次の場合は要検討である。すなわち、　④募集株式の発行等の差止めに違反してなされた発行等

≪問題点≫募集株式の発行等の差止仮処分命令を無視して募集株式の発行等がされた場合、その募集株式発行等の効力をいかに解すべきか?

　差止請求を無視した発行等が有効となると、株主は自己の利益を確保する手段を失ってしまう。また、差止に違反して株式を発行等しても、取締役等の責任が問題となるだけだとすると、この責任は、差止請求をしたか否かにかかわらず認められるので（423条）、差止請求を独立の権利として法が規定した意味が失われる。したがって、募集株式の発行等の差止仮処分命令を無視してなされた募集株式の発行等は無効と解する。

　※判例、多数説、立法者の見解　　無効説　…募集株式発行等差止請求の立法趣旨に適合するためには、命令違反を無効原因と解さないと差止請求の制度は実効性がない。

　次の場合も問題となる。すなわち、

　⑤募集事項の通知・公告を欠く発行（公開会社）

≪問題点≫公開会社において募集事項の通知・公告を怠って募集株式を発行等した場合、その募集株式の発行等の効力をいかに解すべきか?

　公開会社における募集事項の通知・公告は、株主に発行等差止請求（210条）をする機会を与え、それによって株主の利益の保護を図ることを目的とする。したがって、この通知・公告を欠いた場合、株主が募集株式の発行等差止請求権を行使する機会を奪われるから、原則として無効原因となる。ただ、差

止の事由がないため差止請求の訴えを提起したとしても許容されないと認められる場合には、株主の利益が奪われたとはいえないから、無効原因とはならない ⇐ 判例、立法者の見解（折衷説）

※ 無効原因とならないもの 「著しく不公正な方法による発行等」…この場合の募集株式発行等の効力をいかに解すべきか?これは差止請求の対象となることから問題となる。

　法は、会社の資金調達の便宜のため授権資本制度を採用し、公開会社においては募集株式の発行等を取締役会の決議事項としており、募集株式の発行等をいわば業務執行行為に準じるものとして扱っている。そうであれば、かかる方法によることも、内部事情にすぎないといえる。それで、代表取締役が発行した以上、株式の取得者や会社債権者等の取引安全に重点を置くべきである。よって、著しく不公正な方法による募集株式の発行等も、取締役の責任の問題を生じるにすぎず、募集株式の発行等自体は有効と解する（判例）。

第5節　新株予約権

　新株予約権とは、株式会社に対して行使することにより当該株式会社の株式の交付を受けることができる権利をいう（2条21号）。

※ 新株予約権者からその権利を行使することによって新株が発行されるのであるから、新株予約権は新株引受契約の予約完結権としての性質を有する。

　なお、新株予約権者が新株予約権の行使により取得することになる株式の数は、発行可能株式数から発行済株式の総数を控除して得た数を越えてはならない（113条4項）。その理由は、新株予約権の目的である株式の数を発行可能株式の総数の枠内に留保しなくてはならないからである。

(1)新株予約権制度の機能

■資金調達としての機能　　　　将来に一定の価額を支払えば、その決

まった価額で目的物を取得することができる権利をコール・オプションというが、新株予約権は株式のコール・オプションたる金融商品として、資金調達の機能を有する。これによって、資金調達の多様化が図られる。また、資金調達手段をさらに多様化するために、新株予約権と社債を組み合わせた新株予約権付社債も会社法で規定されている。

例）一株の現在の時価が 1 万円の会社が、将来 7000 円を払い込めば一株の発行を受けられる新株予約権を 5000 円で発行したとする。もし、その会社の株価が 1 万 5000 円以上に上昇すると見込まれるなら、新株予約権者は合計 1 万 2000 円の出費で 1 万 5000 円以上の価値の株式を取得できることになる。このような可能性を金融商品にしたものが新株予約権である。

■　ストック・オプションとしての機能　　　ストック・オプションとは、インセンティブ報酬として一定の期間（権利行使期間）内にあらかじめ定められた価額（権利行使価額）で会社から株式を取得することができる権利をいう。権利行使期間内に、会社の業績が向上して株価が権利行使価額を上回った場合、この権利を行使することによって、株価と権利行使価額との差額による利益が得られることになる。したがって、取締役や使用人に対して、ストック・オプションを付与することにより、会社の業績向上を目指して努力するインセンティブを与えることが可能となる。

■　買収防衛策としての機能　　　買収の対象となる企業の経営陣の同意を得ないで行われる買収を一般に敵対的買収と呼ぶが、これに対する防衛策として、新株予約権を発行することで買収者の持株比率を減少させることができる。さらに、会社法のもとでは、買収者が一定割合以上の株式を買い占め

た場合には、買収者の新株予約権は消却され、かつ、買収者以外の株主には自動的に株式が発行されるような新株予約権も発行できる。

(2)新株予約権の発行手続等

■　新株予約権の発行　　　　新株予約権の発行は、募集株式の発行等の場合に準じて、取締役会等で募集事項を定めて行う（238条—240条. cf.248条）。募集株式の発行等の場合と同様、募集事項は募集ごとに均等でなければならない。また、公開会社が取締役会決議で募集する場合は原則として2週間前までに募集事項の公告または通知をしなければならない（240条2項-4項）。株主割当ては、募集株式の場合と同様である（241条）。

■　発行手続　　　　決定機関は次のとおりである。

（a）株主割当ての場合　……　公開会社では、取締役会決議によって、募集事項を決定する（241条3項3号）。　公開会社でない株式会社では、原則として株主総会の特別決議によらなければならない（241条3項4号、309条2項6号）が、定款で取締役（会）に委任することができる（241条3項1号、2号、4号）。これは、募集株式の発行等の手続と同様である。

（b）株主割当て以外の場合　……　公開会社における新株予約権の募集事項の決定は、原則として、取締役会決議によることを要する（240条1項）。ただし、募集事項の内容が、238条3項各号に該当する引受申込者に特に有利である場合は、株主総会の特別決議によることを要する（240条・309条2項6号）。

公開会社でない株式会社では、株主総会の特別決議によって募集事項を決定するのが原則である（238条2項、309条2項6号）。

しかし、株主総会の特別決議によって、割当日がその決議の日から1年以内の日である募集新株予約権に係る募集事項の決定に限り、取締役（会）に委任できる（239条1項、3項・309条2項6号）。

(3)新株予約権の発行価額

新株予約権の発行手続は基本的には募集株式の発行等に準ずる。その際に、これを取得しようとする者は、新株予約権自体の①発行価額（無償の場合もあり得る）を払込み、これに対し会社側は新株予約権証券を発行すると決定した場合（236条1項10号、283条1項1号）は、新株予約権証券を発行する（288条）。新株予約権の譲渡は原則として自由であり（254条1項）、証券が発行されている場合、譲渡の際には新株予約権証券が必要とされる（255条1項）。また、新株予約権は、取締役会の決定した行使期間内に行使しなければならず、行使する者は②権利行使価額をさらに払い込む必要があり、その全額が払い込まれた時点で株主となる。なお、①の発行価額と②の払い込むべき金額（権利行使価額）の合計額が「新株の発行価額」と呼ばれる。

　※　新株予約権の無償割当て　…　株式無償割当て（185条）の制度と同様、株主に対して申込みを要せずに新株予約権を割り当てることができる（277条）。株主総会（取締役会）の決議によって、株主の有する株式（種類株式発行会社にあってはある種類の株式）の数に応じて割り当てる（278条）など、株式の無償割当てと同様である。

(4)既存株主の保護

　■　通知または公告　…　公開会社においては、取締役会決議により新株予約権にかかる募集事項を決定した場合、募集株式の発行の手続に準じて、一定の場合を除き、割当日の2週間前までに株主に対する募集事項の通知または公告をしなければならない（240条2項、3項）。

　株主割当ての場合には、株主の申込みの機会を確保するため、引受けの申込みの期日の2週間前までに、割当てを受ける株主に対して、一定の事項を通知しなければならないことも、募集株式の発行の手続きと同様である（241

条4項)。

■　募集新株予約権発行の差止請求　…　株主は、①会社が法令または定款に違反し（247条1項）、または著しく不公正な方法によって（247条2号）新株予約権を発行し、かつ②これによって不利益を被るおそれがあるときは、会社に対してその発行の差止めを請求することができる（247条）。

※不公正な方法による発行　…　新株予約権については、必ずしも資金調達目的で発行されるとは限らないため、いわゆる主要目的ルールがそのまま当てはまらないものと解されている（東京高裁決定平17年3月23日「ライブドア事件」参照）。

「著しく不公正な方法」の判断について「株主全体の利益の保護という観点から新株予約権の発行を正当化する特段の事情がある場合には、例外的に、経営支配権の維持・確保を主要な目的とする発行も不公正発行に該当しない」。

※「特段の事情」：①会社経営参加目的がないにもかかわらず、高値で株式を会社関係者に引き取らせる目的で株式を買収する場合（グリーンメイラー）、②焦土化経営（会社を一時的に支配して当該会社のノウハウや顧客等を買収者等に移譲させる）の目的で買収する場合、③会社の資産を債務の担保や弁済原資として流用する予定で買収する場合、④会社の高額資産等を売却し、その処分利益を以て一時的に高配当あるいは株価の急上昇による高値売り抜けをする場合など、会社を食い物にしようとしている場合がこれに当たる。

---

(5)不公正な払込金額等の場合における関係者の民事責任（285条、286条）

　取締役と通じて著しく不公正な払込金額により新株予約権の引受けがなされた場合等においてその新株予約権を行使した新株予約権者、および価額が新株予約権発行時の定めに著しく不足する現物出資財産の給付により新株予約権が行使された場合において、その職務の執行に関与した取締役等について、募集株式の発行等の場合と同趣旨の責任規定がある。

・　新株予約権の発行についても、募集株式の発行等と同様に、対世効のある「新株予約権の発行無効の訴え」等が認められる（新株予約権発行無効の訴え 828 条 1 項 4 号、不存在確認の訴え 829 条 3 号）。

　※　募集株式の割当てを受ける権利との違い　　募集株式の割当てを受ける権利（202 条 1 項 1 号）と新株予約権は優先的に株式の発行を受けられる権利である点において共通している。ただ、株式の発行手続に対する権利の独立性の有無の点で差異がある。新株予約権は、具体的な株式の発行手続とは関係なく予約権それ自体の発行手続が行われ、その発行から予約権行使による株式の発行までの時間的間隔も相当長くなるのが通常である。他方、募集株式の割当てを受ける権利は、特定の募集株式発行等の手続の一環として付与されるのであって当該権利だけを発行するということはなく、権利行使期間も短い。

（6）新株予約権の行使手続

■　新株予約権の行使方法

　・新株予約権証券が発行されている場合　…　証券発行新株予約権に係る新株予約権証券が発行されている場合には、新株予約権証券を会社に提出し、その行使に際して払い込むべき価額の全額を払い込まなければならない（280 条 2 項・281 条）。

　・新株予約権証券が発行されていない場合　…　この場合、①行使に係る新株予約権の内容および数、②新株予約権を行使する日を明らかにして行使することとなる（280 条 2 項但し書き、1 項各号）。

■　新株予約権の行使による株式の発行価額　　　新株予約権の行使により株式を発行する場合には、新株予約権の発行価額と新株予約権の行使に際して払込をすべき金額（権利行使額）との合計額の1株当たりの額が、株式1株の発行価額とみなされる。通常の募集株式の発行の場合と同じように、株式の払込金額の全額が資本金を構成するのが原則である（445条1項）が、新株予約権の発行決議において、株式の払込金額の2分の1を超えない額を限度として資本準備金とする旨を定めることができる（236条1項5号・445条2項）。

(7)出資の履行

新株予約権の行使に際して金銭を出資するときも、金銭以外の財産を出資するときも、新株予約権の行使日に募集事項において定められた出資価額の全額を払込または出資財産を給付しなければならない（281条1項・2項前段）。そして、出資財産の価額が募集事項に定められた価額に足りないときは、会社が定めた払込取扱場所においてその差額に相当する金銭を払い込まなければならない（281条2項後段）。

また、現物出資がなされる場合には、一定の場合（284条9項各号）、を除いて、検査役の調査を要することは募集株式の発行等と同様である（284条）。

不公正な払込金額で新株予約権を引き受けた者の責任（285条1項）や新株予約権の取消権（同条2項）、現物出資者・取締役、証明者等が現物出資目的物についてその価額が不足する場合に不足額を支払う義務を負うこと（285条1項3号・286条）も募集株式の発行等と同様である。

※　新株予約権を行使した新株予約権者は、当該新株予約権を行使した日に、当該新株予約権の目的である株式の株主となる（282条）

※※　出資の空洞化を誘発するため、会社は自己新株予約権を行使することが

できない（280条6項）。

(8)新株予約権の有利発行

株式会社は、募集新株予約権を発行する場合、金銭の払込を要しないとすることができる（238条1項2号）。もっとも、払込を要しないこととすることが特に有利な条件であるときや、金銭の払込を要する場合において払込金額が特に有利な金額であるときには、取締役の説明が必要であり、株主総会の特別決議が要求される（同条3項1号、2号、240条1項）。

(9)新株予約権の譲渡

■　新株予約権の譲渡性　　　　新株予約権は、原則として、譲渡することができる（254条1項）。ただし、新株予約権の発行決議において、その譲渡について会社の承認を得なければならない旨の定めをすることができる（236条1項6号、238条1項1号）。

※　株式の譲渡制限との違い　…　①定款の定めを要しないこと、②新株予約権の発行決議において定めること、③会社が譲渡を承認しない場合の買受請求あるいは指定買取人の指定請求の制度等がないこと、の3点である。

■　新株予約権の譲渡方法　　　　自己新株予約権の処分による証券発行新株予約権の譲渡を除いて、証券発行新株予約権を譲渡するには、新株予約権証券を交付しなければならない（255条1項）。したがって、新株予約権者の請求があるときに限り新株予約権証券を発行する旨の定めがある場合には、その請求をしていない新株予約権者は、当該証券発行新株予約権を譲渡することができない。また、新株予約権の譲渡制限がある場合には、会社の承認を得なければならない。新株予約権の譲渡の対抗要件は、記名式の証券発行新株予約権、無記名式の新株予約権かそれ以外かで、以下のように異なる（257条）。

（a）記名式の証券発行新株予約権の譲渡の対抗要件　　　　会社との関

係では、取得者の氏名および住所を新株予約権原簿に記載または記録することが対抗要件となる（257条2項）。会社以外の第三者との関係では、新株予約権証券の引渡しおよびその占有が対抗要件となる。

（b）無記名式証券発行新株予約権の譲渡の対抗要件　　　　新株予約権者の氏名や住所等が新株予約権原簿の記載または記録事項とならない（257条3項・249条1号・2号）。そのため、会社との関係でもそれ以外の第三者との関係でも、新株予約権証券の引渡しおよびその占有が対抗要件となる（257条3項）。

（c）（a）（b）以外の新株予約権の譲渡の対抗要件　　　　会社との関係でもそれ以外の第三者との関係でも、取得者の氏名または名称および住所を新株予約権原簿に記載または記録しなければ、会社および第三者に対抗することができない（257条1項）。

(10)新株予約権の消滅

　新株予約権者がその有する新株予約権を行使することができなくなったときは、当該新株予約権は、消滅する（287条）。これは、新株予約権の行使が不可能であることが確定した場合、新株予約権の発行会社は新株予約権の取得および消却手続による必要がないことにその利点がある。

第6節　社債

　社債とは、会社法の規定により会社が行う割当てにより発生するその会社を債務者とする金銭債権であって、会社法676条各号に掲げる事項についての定めに従い償還されるものをいう（2条23号）。

　機能につき、社債は、株式会社の資金調達の手段の一つであり、多額かつ長期の資金調達を可能とする　⇒銀行等からの通常の借入では、多額・長期の資金調達は困難であり、募集株式の発行等では、新たに割り当てられ

た株式にも配当を要するため、配当率の低下を招き、配当金は利益処分としてなされることになり、会社の経費にならず、課税上不利である。

1 社債の特色について

(1) 起債の際の技術的処理：社債は多数の公衆に対して集団的に起債するものであり、そのために特別の技術的処理が必要となる。

(2) 社債権者の保護：社債は多額かつ長期の債権である、また債権者が一般公衆であることから、社債権者保護に配慮する必要がある。

(3) 団体的取扱：多数の社債権者が長期間継続的に共通の利害関係に立つため、社債権者を団体的に取り扱う必要がある。

(4) 有価証券性：有価証券を発行する場合には、社債上の権利は証券に表章されて流通性を付与されるので、有価証券法理に従った規制が必要となる。

2 社債の発行手続

(a) 募集事項の決定機関　　社債は一種の借入金であり、その発行は業務執行の内容である。したがって、取締役会非設置会社では、取締役が決定し、取締役が複数いる場合には、原則としてその過半数で決定する（348条2項）。指名委員会等設置会社以外の取締役会設置会社では、原則として取締役会で決定するが（362条4項5号）、取締役会はその決定を代表取締役に委任することができる(同条項号参照)。指名委員会等設置会社では、原則として取締役会で決定するが、執行役に委任することができる（同条項号参照、416条4項）。

※　資金調達の円滑化を図るために、取締役会では募集社債の総額その他法務省令（会社法施行規則162条）の定める重要事項等を決議すればよく、具体

的な額や利率等の決定を代表取締役等に委任できるようになった。

　（b）発行方法　　（イ）公募発行　…社債を引き受ける者を公衆から直接募集する方法。募集事務を社債を発行する会社が行う「直接募集」と募集事務を社債を発行する会社から委託された証券会社等の他の会社が行う「委託募集」がある。※実務上は、直接募集は少ない。　（ロ）売出発行　…社債の総額を確定することなく、一定期間を定めてその期間内に公衆に対し、随時個別的に社債を売り出す方法。　（ハ）総額引受　…特定人（証券会社に限られる）が、社債の総額を包括的に引き受ける方法。

　（c）募集社債の申込み・割当て・払込　　公募発行の場合には、募集者の作成した社債申込証による申込が要求されている（677条）。かかる社債の申込に対し、発行会社または　募集事務の受託会社が割当てをすれば引受が確定する（678条）。社債の募集が完了したときは、遅滞なく各社債につき払込をさせることを要する。

　※　社債には、相殺の禁止はなく、代物弁済・分割払いも認められる。

　（d）社債原簿　　無記名社債については社債並びに債券に関する事項、記名社債については、これとともに社債権者に関する事項を明らかにすることを目的とする会社の帳簿をいう（681条、会社法施行規則166条）。会社は社債を発行した日以後遅滞なく、社債原簿記載事項を記載し、または記録しなければならない。

　（e）社債券　　社債発行会社は、社債券を発行する旨の定めがある場合には、社債（676条6号）を発行した日以後遅滞なく、その社債にかかる社債券を発行しなければならない（696条）。

3　社債管理者の設置と社債権者集会

原則として社債管理者を設置しなければならない（702条）。社債管理者とは、

社債の発行会社から社債の管理の委託を受けてこれを行う者をいう。社債権者集会とは、社債権者の利害に重大な関係がある事項について社債権者の総意を決定するために、社債権者によって構成される合議体であり、会社法は社債権者を法定し、団体的行動をとることを認めている（715条）。

◆　社債の管理

同種類の社債権者（715条参照）は共通の利害関係に立つので、一種の利益団体である。それで会社法は、社債権者が共同の利益のために団体的行動をとることを認め、そのために社債管理者・社債権者集会等の機関ともいうべきものを定めている。

※　社債権者集会は代表者を選任して、集会の決議に代わる決定を、その代表者に委任することができる（736条1項）。また、社債権者集会で決議された事項の執行は、集会の決議で執行者を選任したときは執行者（以下、決議執行者）が、その選任がないときは社債管理者または代表社債権者（社債管理者がいる場合を除く）が執行する（737条1項）。

※※　会社法の認めた団体行動の例…705条1項、737条2項、739条、740条・449条、627条、635条、670条、779条、789条、799条、810条。

◎社債管理者　　（1）社債管理者設置の強制　…前述のように、社債権者保護のため、原則として、社債管理者を設置しなければならない（702条）。ここにいう社債管理者とは、社債発行会社から社債権者のために社債の管理を行うことを委託された銀行等をいう。社債管理者は、社債権者のために、公平かつ誠実に社債の管理を行わなければならない（704条1項）。また、社債権者に対して善管注意義務を負う（同条2項）。

※　社債の募集事務と社債管理事務の分断

（2）社債管理者設置強制の例外　…①各社債の金額が1億円以上である場合、②その他、社債権者の保護に欠けるおそれがないものとして法務省

令（会社法施行規則 169 条）で定める場合には、例外として社債管理者の設置は強制されない（702 条但書）。これは、①は一口の金額が大口であり、社債について専門知識を有する機関投資家向けの社債と考えられ、社債権者が自ら社債管理の能力を有する場合である。②は社債権者さえ害するおそれがなければ、社債管理者の設置を強制する必要がないからである。

　（3）社債管理者の資格　…703 条各号に掲げる者　→①銀行、②信託会社、③①と②の他、これらに準ずるものとして法務省令で定める者（会社法施行規則 170 条）。

　（4）社債管理者の権限　…（a）社債権者集会の決議が不要な場合　⇒①社債権者のために弁済（償還および利払い）を受け、または社債に係る債権の実現を保全するのに必要な一切の裁判上または裁判外の行為（705 条 1 項）、②裁判所の許可を得て行う、社債発行会社の業務および財産の状況の調査（705 条 4 項・706 条 4 項）、③社債権者集会の招集（717 条 2 項）、④社債権者集会への出席および意見陳述（729 条）、⑤社債管理者が社債権者集会の招集者である場合の決議の認可請求（732 条）、⑥社債権者集会の決議の執行（737 条）、⑦報酬または費用等の請求（741 条）、⑧弁済等が不公正な場合の取消の訴えの提起（865 条 1 項）。

…（b）社債権者集会の特別決議を要する場合　⇒706 条 1 項各号・724 条 2 項 1 号

　※これらの権限の行使の効果は、社債権者に重大な影響を与えることから、特に社債権者集会の決議を要求した。なお、706 条 1 項 2 号につき、676 条 8 号参照（706 条 1 項但書）。

　（5）社債管理者の責任等　…（a）社債権者と社債管理者との利益が相反する場合において、社債権者のために裁判上または裁判外の行為をする必要があるときは、裁判所は、社債権者集会の申立により、特別代理人を選任

しなければならない（707条）。なお、社債管理者または特別代理人が社債権者のために裁判上または裁判外の行為をするときは、個別の社債権者を表示することを要しない（708条）。

…（b）社債管理者の損害賠償責任等　⇒710条1項。その他、711〜714条。

　◎社債権者集会　（1）社債権者集会の権限　…集会の決議事項は、原則として、会社法が定めたものおよび社債権者の利害に関する事項に限られている（716条）。cf.715条

　（2）社債権者集会の招集　…社債権者集会は、その決議をする必要がある場合には、いつでも招集することができる（717条）。招集権者は、718条3項による場合を除き、社債発行会社または社債管理者である（717条2項）。また、ある種類の社債の総額の10分の1以上に当たる社債を有する社債権者には、招集請求権が与えられている（718条1項・3項）。　なお、社債権者集会に関する費用は、社債発行会社が負担する（742条1項）。

　（3）社債権者集会の決議　…（a）社債権者の議決権の行使　⇒各社債権者は、その有するその種類の社債の金額の合計額（償還済みの額を除く）に応じて議決権を有する（723条）。しかし、社債発行会社は自己が有する社債については議決権を有しない（同条2項）。

　また、無記名式社債券を有する者は、会日より1週間前までに社債券を招集者に提示しなければ、議決権を行使することはできない（同条3項）。

　なお、社債権者には、議決権の不統一行使（728条1項）、社債権者集会の欠席者の書面による議決権の行使（726条）、招集者の承諾を得てする電磁的方法による議決権の行使（727条）、代理人による議決権の行使（725条）が認められる。

…（b）社債権者集会の決議要件等　⇒社債権者集会の決議は、原則として普通決議（出席した議決権者の議決権の総額の2分の1を超える議決権

を有する者の同意）によるが、社債管理者の利害に重大な影響を及ぼす一定の重要な決議事項については、特別決議（議決権者の議決権の総額の5分の1以上で、かつ、その出席議決権者の議決権の総額の3分の2以上の議決権を有する者の同意）が必要となる（724条1項、2項）。　➡特別決議が要求されたのは、権利内容の不利益変更をすることが多い社債権者集会に社債権者は出席しようという意欲が低く、特別決議の要件があまりに高いと成立すべき決議も成立しなくなる反面、議決権者中の極めて少数の者が同意すれば重要な権利内容の変更が可能ということになると困るからである。　なお、729条2項参照。

…（c）社債権者集会の決議の効力発生　⇒社債権者集会の決議がされると、招集者は当該決議の日から1週間以内に、裁判所に対し、当該決議の認可の申立をしなければならない（732条）。裁判所はこれに対して認可または不認可の決定をする（733条）。認可または不認可の決定があった場合には、社債発行会社は遅滞なくその旨を公告しなければならない（735条）。

　社債権者集会の決議は、裁判所の認可によって効力を生ずる（734条1項）。当該決議の効力は、当該種類の社債を有するすべての社債権者に対してその効力を有する（同条2項）。

　（4）代表社債権者　…社債権者集会は、その決議によって、当該種類の社債の総額（償還済みの額を除く）の1000分の1以上に当たる社債を有する社債権者の中から、1人または2人以上の代表社債権者を選任し、これに社債権者集会において決議をする事項についての決定を委任することができる（736条1項）。これは、頻繁・迅速に社債権者集会を開催することは困難であり、多く決議される支払いの猶予・責任の免除等の事項が公開の場で詳細に明らかになると、発行会社の倒産の引き金になりかねないからである。

　なお、代表社債権者が2人以上ある場合において、社債権者集会におい

て別段の定めを行わなかったときは、736 条 1 項に規定する事項についての決定は、その過半数を以て行う（736 条 3 項）。

（5）社債権者集会の決議の執行　…社債権者集会の決議によって、別に社債権者集会の決議を執行する者を定めたときは、当該社債権者集会の決議を執行する者が、社債権者集会の決議を執行する（737 条 1 項但書）。社債権者集会の決議を執行する者を定めていないときは、社債管理者、社債管理補助者、または、代表社債権者が決議を執行する（737 条 1 項）。

4　新株予約権付社債

新株予約権付社債とは、新株予約権を付した社債をいう（2 条 22 号）。会社法のもとでは、新株予約権付社債については、原則として、新株予約権に関する規定と、社債に関する規定との両方が適用される。

※　発行手続は、募集新株予約権の手続による（248 条参照）

・新株予約権付社債は社債と新株予約権が不可分に結合したものであり、いずれか一方が消滅した場合を除き、新株予約権を社債から分離して譲渡することおよび社債を新株予約権から分離して譲渡することは禁止されている（254 条 2 項、3 項）。

※　新株予約権付社債権者は、会社の業績が低調な間は社債権者として安全な地位に止まり、業績が好転すれば新株予約権に基づく予約権を行使して株主となり、より有利な地位を取得することができることになる。

新株予約権付社債を発行する場合に付する新株予約権の数は、社債の金額ごとに均等に定めなければならない（236 条 2 項）。

第8章

持分会社

1 総説

持分会社とは、合名会社・合資会社・合同会社の総称である（575条1項括弧書）。これらの会社は、基本的に同様に規制する。

持分会社は、社員が自ら業務執行し（自己機関性）、会社の重要事項は原則として総社員の一致を以て決定することを前提に、その内部規律を全面的に定款自治に委ねる会社類型である。

※　特徴－3点－　①民法上の組合と同様に定款自治が広範囲で認められている（590条・622条）、②社員と機関とが分化しておらず、社員が原則として会社機関となる（590条1項）、③閉鎖会社であり、持分の譲渡に原則として社員全員の承諾が必要とされている（585条）。

2 合名会社

・特色）合名会社とは、無限責任社員のみによって構成される持分会社である（576条2項）。合名会社の社員は、会社の債務に対して直接に無限かつ連帯の責任を負う。

会社法は、合名会社を持分会社の基本形態として位置づけている。合名会社は典型的な人的会社であり、会社財産よりも社員の個性が重視される。また、会社の所有と経営とが分離しておらず、社員は会社の債務に対して責任を負うだけでなく、業務執行も原則として行う（590条1項）。したがって、誰が社員となるかは他の社員にとっても重要であり、持分の譲渡には原則として他の社員全員の承諾が必要となる（585条1項）。

社員の投下資本の回収は、株式会社と異なり、持分の譲渡によるのではなく、退社という形をとる。社員はやむを得ない事由があるときはいつでも退社できる（606条3項）。退社に伴い社員に持分が払い戻される（611条1項）。

・設立）合名会社は、1人以上の社員になろうとする者が定款を作成しその

全員が定款に署名または記名押印し（575 条 1 項）、設立登記をすることにより（579 条）成立する。

　合名会社では信用や労務の出資が認められる。この場合、定款においてその評価額または評価の基準を定めなければならない（576 条 1 項 6 号）。これは、出資の評価額等が利益配当の基準として必要だからである。

　・社員の責任）合名会社の社員の責任は、直接・無限・連帯の責任である。社員は、①会社が会社財産を以て会社債務を完済できないとき（580 条 1 項 1 号）、または②会社財産に対する強制執行が奏功しないとき（580 条 1 項 2 号）、社員は会社の債務に対して責任を負う。社員は①②の場合、会社の債務全額について責任を負うのであって、会社の積極財産によって完済できない残額についてのみ責任を負うのではない。会社に債務を弁済する資力がありかつ容易に強制執行が可能であることを証明した場合、社員は会社の債務を弁済する責任を負わない（580 条 1 項 2 号括弧書）。

　社員の責任は従属的であり、会社の債務が消滅すれば、社員の債務も消滅する。社員は、会社が主張することができる抗弁を以て会社債権者に対抗することができる（581 条 1 項）。また、持分会社がその債権者に対して相殺権、取消権または解除権を有するときは、社員はかかる債権者に対して債務の履行を拒むことができる（581 条 2 項）。

　社員の債務は会社が負う債務についての「連帯債務」であるから、会社債権者に社員が弁済する場合、弁済した社員は、会社に対して求償権を取得する（民法 501 条）。また、会社の債務を弁済した社員は、他の社員に対し各自の負担部分について求償権を有する（民法 442 条 1 項）。

　・持分の譲渡、会社の管理・計算）合名会社の社員が持分を他人に譲渡するには他の社員全員の承諾が必要である（585 条 1 項）。

　合名会社の業務執行は原則として各社員が行うが（590 条 1 項）、定款の

定めにより、一部の社員のみを業務執行社員とすることができる（591条）。この場合、業務執行の意思決定は業務執行社員の過半数を以て決定する（591条1項）。

業務執行社員は合名会社を代表する権限を有する（599条1項本文）。また、定款または定款の定めによる社員の互選により一部の業務執行社員に代表権限を与えることができる（599条3項）。

合名会社についても会社債権者との関係で会社財産の維持充実の基準となる数値を定める必要があることから、合名会社についても資本金制度が導入された。しかし、これは登記事項ではない。また、合名会社は損失の補填のため資本金の額を減少することができ（620条1項）、資本金を減少しても特別の債権者保護の手続きをとることなく、無限責任社員の責任によって債権者保護が実現される。損益の分配についても会社の自治に任される。社員に対する配当額が当該年度における利益の額を超えても、違法ではないと解される。

・定款変更、社員の加入・退社）合名会社の定款を変更するには、原則として総社員の同意が必要である（637条）。定款の規定により、定款変更を社員の多数決により行うこともできるが、これは、定款の変更は構成員の利害関係に重要な影響を及ぼすためであり、原則として1社員の意思も無視できないと考えられるからである。

合名会社では、社員の氏名は絶対的記載事項である（576条1項4号）ので、社員の変動には定款の変更が必要である。

合名会社には退社という制度があり、任意退社と法定退社の二つがある。任意退社とは、社員は事業年度の終了時に予告をなして退社することができる（606条1項）ほか、やむを得ない事由があるときはいつでも退社できるというものである（同条3項）。その際、退社に伴い社員に持分が払い戻される（611条1項）。

法定退社の1つには除名がある。対象社員が業務を執行するに当たって不正の行為をする等（859条3号）重要な義務を尽くさない場合（同条5号）、対象社員以外の社員の過半数の決議に基づき、会社が訴訟を提起することにより対象社員の除名を請求できるというものである（859条）。除名の訴えが認められると、対象社員はその意思如何にかかわらず、他の社員の意思により強制的に退社させられる（607条1項8号）。

3　合資会社

合資会社は、無限責任社員と有限責任社員とをもって構成される持分会社である（576条3項）。合資会社は定款の作成・登記により成立する、各社員が無限責任社員と有限責任社員のいずれであるかについて記載・記録しなければならない（576条3項）。

無限責任社員は合名会社の社員と同様の責めに任ずる社員であり、有限責任社員は各自の出資の価額を限度として、会社債権者に対し直接かつ連帯して弁済の責めに任ずる社員である（580条2項）。会社に対する出資義務を履行した場合、会社債権者に対して負う責任の額も減少する（同条項括弧書）。

※　会社債権者にとって、有限責任社員につき、その出資が履行済であるか否かは重要な情報である。したがって、合資会社の設立登記の絶対的記載事項となっている（913条7号）。

合資会社の有限責任社員は、その責任が直接責任である点において、株主その他の有限責任社員と異なる。

なお、有限責任社員の責任は出資額を限度とするが、原則として業務執行権限を有するので有限責任社員が業務を執行するに当たり悪意・重過失があったときには、連帯して、これによって第三者に生じた損害を賠償する責任を負う（597条）。

4 合同会社

　合同会社は、有限責任社員のみから構成される持分会社である。合同会社は、会社の内部関係あるいは構成員間の関係では自由な合意に基づく組合的規制がなされるが、外部関係では社員全員が出資を限度とする間接有限責任だけを負う（576条4項、580条2　項）。合同会社では、社員の責任は間接有限責任であるが、所有と経営は一体となっている。

　合同会社の設立も定款を作成し、登記すれば成立する。

　合同会社には会社の債務に対して責任を負う無限責任社員がいないため、会社財産の維持および会社の財産の会社債権者に対する開示につき、特則が設けられている。

　（1）資本不変の原則　…合同会社においては、会社債権者保護の見地から、資本金の自由な減少を許さず、資本金の減少に一定の制限が設けられている。すなわち、損失の欠損および出資の払戻のために資本金の減少はでき（626条1項）、資本金額の減少に当たって債権者保護手続がとられる（627条）。

　（2）資本の充実・維持に関する規定　…出資の払戻による資本金の減少額は、払戻の額から「剰余金額」を控除した額を超えてはならない。会社に出資の払戻後に剰余金額が常にプラスになる範囲でのみ出資の払戻による資本減少が可能である。会社の財産が、資本金等に満たない状態が生じない範囲で資本の減少は可能である。

　また、配当額が利益額（623条1項、計算規則163条）を超える場合、その利益の配当をすることができない（628条）。これも、会社に利益が存する限りにおいて配当ができるという資本充実・維持の見地からの規制である。

　※　合同会社が利益の配当をした場合において、当該利益の配当をした日の属する事業年度の末日に欠損額が生じたときは、その利益の配当に関する業務を執

行した社員は、合同会社に対し、その利益の配当を受けた社員と連帯して、その欠損額（その欠損額が配当額を超えるときは、その配当額）を支払う義務を負う（631条1項）。ただし、業務を執行した社員がその職務を行うにつき注意を怠らなかったことを証明した場合には、この限りでない（631条1項但書）。この義務は総社員の同意がなければ免除することができない（631条2項）。

　合同会社の債権者は、その合同会社の営業時間内はいつでも、その計算書類（貸借対照表、損益計算書、社員資本等変動計算書、個別注記表）について閲覧・謄写の請求（618条1項）をすることができる（625条）。会社債権者は、自己の債権の引当として確実に期待できるのは、会社財産だけであるから、会社財産・収益等の状況につき、債権者に開示する必要がある。合同会社は定款の規定により、債権者の計算書閲覧等請求権を制限することはできない。

　出資の払戻は、定款を変更してその出資の価額を減少する場合を除いて、その請求をすることはできない。

　※　退社に伴う持分の払戻に関する特則　…退社に伴う持分の払戻につき、その払戻額が剰余金額を超える場合、債権者は、当該持分の払戻に異議を述べることができる（635条1項）。この場合、会社は、官報に公告し、かつ、知れたる債権者には、各別にこれを催告しなければならない（635条2項）。債権者が異議申立期間内に異議を申し立てた場合、会社は異議を申し立てた債権者に対し、弁済し、もしくは相当の担保を提供し、または当該債権者に弁済を受けさせることを目的として相当の財産を信託しなければならない（635条5項）。

第9章

株式会社の基礎的変更

第1節 合併

1 総説

（1）意義　　合併とは、複数の会社が一つに会社に統合する行為をいい、合併当事会社の一部または全部が消滅し、消滅会社の権利義務が存続会社あるいは新設会社に包括承継される効果を持つ。

　会社法において合併は、株式会社相互だけでなく、持分会社も相互にあるいは株式会社と合併ができることが制度上の前提となっている。したがって、存続会社を持分会社とする形で持分会社が株式会社を吸収合併することも許される。

　※　新設合併においては、消滅会社の株主には、合併契約の定めに従い、消滅会社の株式に代えて必ず新設会社の株式（持分）が交付される（753条1項6号・7号、755条1項4号）。他方、吸収合併の株主は、必ずしも存続会社の株式（持分）が交付されるとは限らず、合併契約の定めに従い、存続会社の社債・新株予約権、新株予約権付社債またはその他の財産のみを交付されることがある（749条1項2号ロハニホ等）。

（2）目的　　会社が他の既存の会社と合併することは、企業の拡張を促進する最も効率的な方法の一つである。既に事業用の財産・従業員等が確保されており、新規にこれらを確保しようとする場合に比べて、格段に簡易な方法といえるからである。同時に、合併は現代における企業結合の重要な一形態である。この合併の経済的メリットとしては、①管理費用の節減、②販売力の強化、③二重投資の回避、④市場占有率の拡大、⑤資金調達力の増大、⑥技術開発力の強化、⑦合併消滅会社の技術力の活用等が挙げられる。

（3）種類　　吸収合併と新設合併の二つがある。

　　　　吸収合併：会社が他の会社とする合併であって、合併により消滅する会社の権利義務の全部を合併後存続する会社に承継させ

るもの（2条27号）。

新設合併：2以上の会社がする合併であって、合併により消滅する会社の権利義務の全部を合併により設立される会社に承継させるもの（2条28号）。

（4）当事会社　　すべての種類の会社の間で合併は認められる（748条）。

（5）三角合併　　これは、吸収合併消滅会社の株主に吸収合併存続会社の親会社の株式を交付する形式をとる合併をいう。

これにより、外国企業が日本で子会社を設立し、外国親会社の株式を対価として日本の子会社を他の日本企業と吸収合併させることができ、外国企業が日本企業を現金なしで容易に子会社化することができる。

子会社が親会社の株式を取得することは禁止されているが（135条1項）、三角合併を行う場合には、例外的に、交付する数を超えない範囲内において子会社が親会社株式を取得することができる（800条1項）。この規定は持分会社にも適用される（802条2項）。

（6）対価の柔軟化　　吸収合併（吸収分割および株式交換も同様）において、消滅会社の株主に対して、存続会社の株式を交付せず、金銭その他の財産を交付することが認められている（749条1項2号、751条1項3号、758条4号、760条5号、768条1項2号、770条1項3号）。これを対価の柔軟化という。

他方、新設合併（新設分割および株式移転も同様）については、対価の柔軟化は認められていない。

対価の柔軟化が認められたのは、企業買収を容易にするためである。

2　合併の自由と制限

（1）合併自由の原則　　会社は、他の会社と合併することができる（748

条)。会社の事業目的の異同を問わず、4種類の会社間で自由に合併することができる。また、新設合併において、株式会社と株式会社が合併して持分会社を新設することも、逆に、持分会社と持分会社が合併して株式会社を新設会社とすることも可能である。

（2）合併の制限　①解散会社の合併　　会社が解散した場合には、当該株式会社または持分会社が存続する会社となるような合併はすることができない（474条1号・643条1号）。解散後の会社を合併消滅会社とする場合には、合併が認められる。

②外国会社との合併　　外国会社との合併はすることができない。

（3）債務超過の会社を消滅会社とする合併　　消滅会社が債務超過の場合には合併新株が発行できず、消滅会社の株主を収容することができないから、債務超過の会社を消滅会社とする合併は認められないと考えられた。しかし、簿価での評価は必ずしも時価ベースでの企業価値と一致せず、合併の当事会社が簿価ベースで債務超過となっている会社の実質的財産に価値を見出し、高く評価することも十分考えられる。したがって、債務超過の会社を消滅会社とする合併も認められるとの見解もある。

（4）その他の制限　　　独占禁止法や、銀行法・保険業法・信託業法などの特別法により、合併が制限される場合がある。とりわけ独占禁止法では、一定の取引分野における競争を実質的に制限することとなる合併や、不公正な取引方法による合併が禁止されている。

3　合併の手続（原則として、吸収合併かつ存続会社が株式会社の場合）

◆合併は次の4段階の手続によって行われる。

（1）合併契約の締結・開示、（2）株主総会の承認決議—反対株主の株式買取、（3）債権者異議手続、（4）登記—事後の開示

（1）合併をするには、取締役会設置会社においては取締役会の決議を経て、当事会社の代表が合併契約を締結する（748条）。取締役会非設置会社の場合には、取締役の過半数による決定による（348条2項）。合併契約で定めるべき事項は法定されている（749条柱）が、法定事項以外の事項も、合併の本質または強行法規に反しない限り、合併契約で定めることができる。取締役会の承認なしに代表取締役が合併契約を締結しても、合併が当然に無効となるわけではない。他方、合併契約について記載しなければならない事項を欠くときは、合併契約の無効原因となる（大判昭19・8・25民23・524）。

各当事会社において、合併契約の内容と法務省令事項を事前に開示し、株主および会社債権者の閲覧に供する（782条、施行規則182条、794条、施行規則191条）。株主の株主総会への準備、会社債権者が異議を述べるかどうかの判断に供する趣旨である。

（2）各当事会社は、原則として株主総会の特別決議によって、合併契約の承認を受けなければならない（783条1項、795条1項・309条2項12号）。当該承認は、吸収合併であれば、合併の効力発生日の前日までに受けなければならない（783条1項、795条1項）。

吸収合併存続会社は、一定の合併差損が生じる場合には、取締役が株主総会においてその旨を説明しなければならない（795条2項、施行規則195条）。差損の発生を認識した上で、合併を承認するかどうかを株主に判断する機会を与えるためである。また、吸収合併消滅会社の資産に吸収合併存続会社の株式が含まれる場合にも、同様の説明義務が生じる（795条3項）。この場合には、存続会社が自己株式を取得することになるからである。

・特殊決議による承認（309条3項2号、3号）　　合併により消滅する会社が公開会社であり、かつ、その会社の株主に対して交付する金銭等の全部または一部が譲渡制限株式等（783条3項）である場合には特殊決議によ

る承認を受けなければならない。公開会社株主が合併により譲渡制限株式の株主になってしまうので、株式譲渡制限の定款の定めをする場合と同様の要件を課したものである。

・消滅会社の総株主の同意を得なければならない場合（783条2項）

消滅会社が種類株式発行会社でない場合において、消滅会社に対して交付する金銭等の全部または一部が持分等（施行規則185条）であるときは、吸収合併契約について消滅会社の総株主の同意を得なければならない。対価の移転に第三者の承諾が必要であることにより、株主が対価を得られない可能性があることから、総株主の同意を課したものと考えられる。

・消滅会社の登録質権者等に対する通知（783条5項）　　物上代位の効力が生じたことを質権者に知らせるために、消滅会社は、効力発生日の20日前までに、その登録質権者等に対し、吸収合併をする旨の通知・公告をしなければならない。

・種類株主総会の決議が必要な場合　　存続会社が譲渡制限株式である種類株式を交付するときは、定款に別段の定めがある場合を除き、その種類株式の株主を構成員とする種類株主総会の特別決議を要する（795条4項1号、324条2項6号）。

● **株式の買取請求権等**

株式買取請求権とは、会社の基礎の変更等の行為に反対する株主が会社に対し自己の有する株式を公正な価格で買い取ることを請求することにより、投下資本の回収を図る権利である（785条1項、797条1項・116条）。消滅会社の反対株主・新株予約権者および存続会社の反対株主は、株式買取請求権・新株予約権買取請求権を行使できる。

※　行使要件　　（a）株式買取請求権　…　株主が株式買取請求権を行使するには、合併を決議する株主総会・種類株主総会において議決権を行使でき

る株主は、当該総会に先立って当該行為に反対しなければならない（785条2項1号イ）。吸収合併の場合には、会社は当該行為が効力を生じる日の20日前までに、株式買取請求の対象となる株式の（種類）株主に対し、当該行為をする旨を通知し、または公告しなければならない（785条3項・4項）。新設合併の場合には、効力発生日が定められていないので、会社が通知・公告すべき時期は、合併承認決議の日から2週間以内とされている（806条3項、808条3項）。株式買取請求をする株主は、当該行為の効力発生日の20日前から前日までの間に、その請求に係る株式の種類・数を明らかにしてしなければならない（785条5項）。

　（b）新株予約権買取請求権　…　新株予約権買取請求権を行使する新株予約権者には、権利行使前に反対する旨の通知をする義務は課されていない。会社は当該行為が効力を生じる日の20日前までに、新株予約権の新株予約権者に対し、当該行為をする旨を通知し、または公告しなければならない（787条3項・4項）。新株予約権買取請求をする株主は、当該行為の効力発生日の20日前から前日までの間に、その請求に係る株式の種類・数を明らかにしてしなければならない（同5項）。新株予約権付社債に付された新株予約権者は、原則として社債の買取もしなければならない（同2項本文）。

　（c）買取請求権の行使の効果　…　株主が適法に株式買取請求をしたときは、会社はその株式を公正な価格で買い取るべき義務が生じる。

（3）　債権者異議手続

　各当事会社の債権者は、合併について異議を述べることができる（789条1項1号、799条1項1号）。この場合、各当事会社は、各々の債権者に対して一定の事項について公告・催告をしなければならない（789条2項。799条2項）。これらのうち、会社に知れている債権者に対する各別の催告（789条2項、799条2項）については、会社がその公告を、官報の他、定款に定めた時事に関する事項を掲載する日刊新聞紙（939条1項2号）または電

子公告（939条1項3号）によってした場合には省略することができる（789条3項、799条3項）。債権者が異議を述べたときは、各当事会社は、吸収合併を行っても当該債権者を害するおそれがない場合を除き、弁済、担保提供、または弁済用財産の信託をしなければならない（789条5項、799条5項）。消滅会社の債務が当然に存続会社または設立会社に承継され、債務者の資力が変化することになり、会社債権者の保護を図ることが必要となるからである。

● 株券の提出に関する公告等

株券発行会社が合併により消滅する場合には、合併の効力が生ずる日までに会社に対し全部の株式に係る株券を提出しなければならない旨を、合併効力発生の日の1ヵ月前までに公告し、かつ、当該株式の株主およびその登録株式質権者に各別にこれを通知しなければならない（219条1項6号）。

● 合併の効力発生

吸収合併の場合は合併契約で定められた合併の効力発生日に（750条）、新設合併の場合は設立会社の成立の日（設立登記の日）に（754条）、合併の効力が発生する。

(4)事後の開示

吸収合併存続会社は合併の効力発生日の後遅滞なく、合併により承継した消滅会社の権利義務その他の合併に関する事項として法務省令で定める事項を記載・記録した書面・電磁的記録を作成し、本店に備え置かなければならない（801条1項、3項1号）。この趣旨は、合併無効の訴えを提起するかどうかの判断材料を与えることである。

吸収合併存続会社の株主および債権者は、営業時間内においてはいつでもこれらの書類の閲覧を求め、またはその謄抄本の交付を求めることができる（801条4項）。

● 合併の登記

　会社が吸収合併をしたときはその効力が生じた日から2週間以内に、新設合併をしたときは922条所定の日から2週間以内に、その本店の所在地において、吸収合併・新設合併により消滅する会社については解散の登記を、吸収合併後存続する会社については変更の登記を、新設合併により設立する会社については設立の登記をしなければならない（921条、922条）。

　吸収合併においては、登記は効力要件ではなく、消滅会社の解散に関する第三者に対する対抗要件である（750条2項）。新設合併は、新設会社の成立の日（設立登記の日）に効力を生ずる（754条1項）。

第2節　会社分割

1　意義

　会社の分割とは、一つの会社を二つ以上に分けることをいう。

　ねらいとして、規模が大きくなりすぎた会社が、ある部門を独立させて能率化を図ったり、不採算分門を独立させて営業努力をさせる目的等が挙げられる。

2　会社分割の目的

　会社分割制度が導入される以前は、例えばA社からある事業部門を分離するには、まず、一人会社としてB社を設立し、分割すべき部門の事業をB社に現物出資（または事業譲渡）する方法などによってするほかなかった。しかし、かかる方法には、検査役の選任・調査に時間および費用がかかり、また、財産が合併のように包括的移転するわけではなく個別の移転手続が必要である。方法としては容易ではなく許認可の取得し直しが必要となり、しかも現物出資の場合は会社設立までその営業を停止しなければならないという不都合があった。

　会社分割という制度は、分割を迅速かつ容易に行うことができる利点がある。

同制度の創設は、合併法制の容易化および完全親会社創設のための株式交換・株式移転制度の創設とともに、企業の再編を容易にするための法制整備の一環となるものである。

3　分割の種類

（1）新設分割（2条30号）…　これは、1または2以上の株式会社または合同会社がその事業に関して有する権利義務の全部または一部を分割により設立する会社に承継させることをいう。この場合、複数の営業部門を有する会社が、各営業部門を独立した会社とすることにより、経営の効率性を向上させるために利用されることが見込まれる。

（2）吸収分割（2条29号）…　これは、株式会社または合同会社がその事業に関して有する権利義務の全部または一部を分割後他の会社に承継させることをいう。これは、新設分割と吸収合併という二つの面を併せ有する。この場合、持株会社の下にある複数の子会社の重複する部門を、各子会社に集中させることにより、組織の再編成を実現するために利用されることが見込まれる。

※　会社分割については、株式会社・合同会社が分割会社となれる。合名・合資会社はなれない（757条・762条1項）。

◆　分割の手続

①　吸収分割―株式会社が当事者―の場合

吸収分割においては、既存の会社に事業を承継させるものであるため、吸収分割会社と吸収分割承継会社の両方で同様に会社分割のための諸手続を行わなければならない。

（1）株式会社に権利義務を承継させる吸収分割契約の締結

吸収分割に際しては、吸収分割会社と吸収分割承継会社との間で、吸収

分割契約を締結しなければならない（757条）。

（2）事前開示　　（a）吸収分割契約に関する書面等の備置　…　吸収分割株式会社および吸収分割承継株式会社は、吸収分割契約等備置開始日から吸収分割がその効力を生ずる日後6ヵ月を経過する日まで、吸収分割契約の内容その他法務省令で定める事項を記録した書面または電磁的記録を本店に備え置かなければならない（782条1項2号、794条1項）。

（b）備置書面等の閲覧、謄本または抄本の交付請求　…　吸収分割株式会社および吸収分割承継株式会社の株主および債権者は、営業時間内いつでも上記の備置書面等の閲覧を求め、または会社の定めた費用を払って、その謄抄本等の交付を請求することができる（782条3項、794条3項）。

（3）吸収分割契約の承認等　　（a）吸収分割契約の承認　…　吸収分割契約は、吸収分割の効力発生日の前日までに吸収分割株式会社と吸収分割承継株式会社の双方で、株主総会の特別決議による承認を受けなければならない（783条1項、795条1項・309条2項12号）。ただし、①吸収分割承継株式会社が種類株式発行会社である場合で、②吸収分割会社に対して交付する金銭等が譲渡制限株式（譲渡制限株式を引き受ける者の募集について、その種類の株式の種類株主を構成員とする種類株主総会の決議を要しない旨の定款の定めがないもの）であるときは、さらに吸収分割承継株式会社の種類株主総会の特別決議が必要である（795条4項2号）。

（b）取締役の説明義務　…　吸収分割をする際、吸収分割承継会社が795条2項1号または2号に該当する場合には、株主総会において取締役はその旨を説明しなければならない（795条2項）。会社の状態を認識したうえで、分割を承認するかどうかを株主に判断する機会を与えるためである。

（4）株式等の買取請求権　　　株式の買取請求権は、吸収分割株式会社および吸収分割承継株式会社の双方の株主に認められ、吸収分割に反

対する株主は、会社に対して自己の有する株式を公正な価格で買い取ることを請求することができる（785条。797条）。一方、新株予約権の買取請求については、吸収分割承継会社が株式会社である場合の吸収分割株式会社の株主にのみ認められる（787条1項2号）。

（5）債権者保護手続　・　会社分割の場合の債権者保護手続については、その公告の方法および知れている債権者に対する各別の催告等の点で、合併等の場合と共通である。しかし、分割会社の知れている不法行為債権者への各別の催告を要するものとされている（789条3項括弧書）点、会社分割の性質上、例外として、債権者保護手続を要しない場合（分割会社に債務の履行を請求することができる場合）がある点、分割会社と承継会社の双方が債務を負担する場合がある（759条2項、3項）点で合併等の場合と異なっている。

（a）異議を述べることができる債権者　…　（イ）吸収分割株式会社の債権者　→（i）吸収分割をする場合において、分割後分割会社に対して債務の履行を請求することができない分割会社の債権者が異議を述べることができる（789条1項2号）。

　→（ii）全部取得条項付種類株式を取得するのと引き換えに金銭等を交付する行為をする旨の定めにより、分割会社が効力発生日に株式を取得する行為をする定め（171条1項、758条8号、760条7号）がある場合には、分割会社のすべての債権者が異議を述べることができる（789条1項2号後段括弧書）。この場合には、分割会社の債権者にとってその担保となる財産状態に減少を生じる可能性があるからである。

　（ロ）吸収分割承継会社の債権者　→無条件に承継会社に異議を述べることを認めている（799条1項2号）。承継会社の債権者については、債権回収が困難となる危険が存することは、吸収合併の存続会社の債権者の場合と

同様であるからである。

　(b)　公告および催告手続　…　吸収分割株式会社および吸収分割承継株式会社のいずれの会社においても、上記の債権者に対して、(i)　吸収分割をする旨、(ii)　吸収分割株式会社においては吸収分割承継株式会社の商号および住所、吸収分割承継株式会社においては吸収分割株式会社の商号および住所、(iii)　吸収分割株式会社および吸収分割承継株式会社の計算書類に関する事項として法務省令（施行規則 188 条、199 条）で定めるもの、(iv)　当該吸収分割に異議があれば 1 ヵ月以上の一定の期間内に異議を述べることができる旨を、官報をもって公告し、かつ、知れている債権者に対しては各別にこれを催告しなければならない（789 条 1 項 2 号、2 項、799 条 1 項 2 号、2 項）。

　⇒例外：吸収分割株式会社または吸収分割承継会社が、官報のほか定款で定めた時事を掲載する日刊新聞紙により公告または電子公告により公告するときは、知れている債権者に対する各別の催告を要しない（789 条 3 項、799 条 3 項）。

　しかし、債権者保護手続を官報および定款で定めた公告方法により公告した場合でも、不法行為によって生じた吸収分割株式会社の債務の債権者に対する各別の催告を省略することはできない（789 条 3 項括弧書）。これは、不法行為債権者に分割会社の公告ホームページのチェック等を要求することは困難であり、また、会社分割は資本金・準備金の額の減少または合併よりも分割会社の債権者の危険が大きいことから、その保護を強化したものである。

　(c)　各別の催告を受けなかった債権者の履行請求　…　789 条 1 項 2 号の規定により異議を述べることができるにもかかわらず、各別の催告を受けなかった吸収分割株式会社の債権者は、吸収分割契約において吸収分割後に吸収分割株式会社に対して債務の履行を請求することができないとされているときで

も、吸収分割株式会社に対して吸収分割株式会社が効力発生日に有していた財産の価額を限度として、その債務の履行を請求することができる（759条2項）。

また、異議を述べることができるにもかかわらず、各別の催告を受けなかった吸収分割株式会社の債権者は、吸収分割契約において分割後に吸収分割承継株式会社に対して債務の履行を請求することができないときでも、吸収分割承継株式会社が承継した財産の価額を限度として、その債務の履行を請求することができる（759条3項）。

(6) 事後開示

吸収分割株式会社および吸収分割承継会社は、吸収分割の効力発生日後遅滞なく、分割により承継した権利義務、その他分割に関する事項として法務省令（施行規則189条、190条、201条）で定める事項を記載または記録した書面または電磁的記録を作成し、効力発生日から6ヵ月間本店に備え置かなければならない（791条1項1号・2項・801条2項・3項2号）。

また、これらの書面または電磁的記録は、吸収分割株式会社および吸収分割承継株式会社の株主、会社債権者その他の利害関係人の閲覧または交付請求の対象となる（791条3項・801条4項、5項）。

(7) 吸収分割の登記

吸収分割があったときは、吸収分割株式会社および吸収分割承継株式会社の双方で、吸収分割の効力が生じた日から本店所在地においては2週間以内に変更登記をしなければならない（923条）。

② 新設分割―株式会社が当事者―の場合

新設分割は吸収分割と異なり、新たな会社を設立するものであるため、次に述べる手続については、事後開示や設立登記を除き新設分割に関するものである。

※　株式会社である新設分割設立会社を、「新設分割設立株式会社」、株式会社である新設分割会社を、「新設分割株式会社」という。

（1）株式会社を新設する場合の分割計画の作成

　1または2以上の株式会社が新設分割をしようとする場合においては、新設分割計画を作成しなければならない（762条1項）。

（2）事前開示　　　　新設分割株式会社は、新設分割計画備置開始日から新設分割設立株式会社の成立の日後、6ヵ月を経過する日までの間、新設分割契約の内容その他の法務省令（施行規則204条）で定める事項を記載または記録した書面または電磁的記録を新設分割株式会社の本店に備え置かなければならない（803条1項）。

　新設分割株式会社の株主および債権者は、営業時間内いつでも上記の備置書面等の閲覧を求めまたは会社の定めた費用を払って、その謄抄本等の交付を請求することができる（同条3項）。

（3）新設分割計画の承認等　　　　会社分割は株主の利害に重大な影響を与えるから、新設分割は新設分割株式会社の株主総会の特別決議による承認を受けなければならない（804条1項・309条2項12号）。ただし、簡易手続による新設分割の分割会社においては、一定の場合を除き、株主総会の承認を要しない（805条）。新設分割については、略式手続による方法は認められない。

（4）株式の買取請求権等　⇒　806条1項、2項、808条1項2号

（5）債権者保護手続　⇒　810条1項2号

（6）新設分割設立株式会社の設立登記

　会社の分割があったとき（登記以外の会社分割手続が終了したときであり、債権者保護手続は終了していなければならない）は、本店所在地においては

2週間以内に、新設分割をする会社においては変更登記を、新設分割により設立する会社においては設立登記（911条）をしなければならない（924条）。

新設分割は、新設会社が本店所在地において設立登記をすることによって効力を生じる。

（7）事後開示　　新設分割株式会社および新設分割設立株式会社は、新設分割設立会社の成立の日後遅滞なく、分割により承継した権利義務、その他分割に関する事項として法務省令（施行規則209条、210条、212条）で定める事項を記載または記録した書面または電磁的記録を作成し、新設分割設立会社の成立の日から6ヵ月間本店に備え置かなければならない（811条1項1号、2項、815条2項、3項2号）。

また、これらの書面または電磁的記録は、新設分割株式会社および新設分割設立株式会社の株主、会社債権者その他の利害関係人の閲覧または交付請求等の対象となる（811条3項・815条4項、5項）。

4　分割の効果

（1）分割の登記　　会社が吸収分割をしたときは、効力発生日（758条7号、760条6号）から2週間以内に、分割会社および承継会社は、承継会社の本店の所在地において会社分割による変更の登記をしなければならない（923条）。

株式会社が新設分割を行い、設立会社が株式会社であるときは、924条に従い、分割会社につき変更の登記、設立会社につき設立の登記をしなければならない。

（2）分割の効果　　承継会社、新設会社は、効力発生日に、分割契約の定めに従い、分割会社の権利義務を承継する（759条1項、764条1項）。

分割会社は、分割契約の定めるところに従い、承継会社の株主、社債権者、

新株予約権者等になる（759条8項、764条8項、9項）。

（3）事後の開示　　分割会社および承継会社・設立会社は、会社分割の効力が生じた日後に、遅滞なく、相手方当事会社と共同して、承継会社・設立会社が承継した分割会社の権利義務その他の分割に関する事項として法務省令で定める事項を記載・記録した書面・電磁的記録を作成し（791条1項1号、811条1項1号、施行規則189条、209条）、本店に備え置くとともに（801条3項）、閲覧・謄本・抄本交付請求に応じなければならない（801条4項）。

第3節　株式交換・株式移転・株式交付

1　意義

①株式交換とは、株式会社がその発行済株式の全部を他の株式会社または合同会社に取得させることをいう（2条31号）。その結果、完全子会社となる会社の株主であった者は、新たに完全親会社となる会社の株主等へと、その地位を変えることになる。

②株式移転とは、1または2以上の株式会社がその発行済株式の全部を新たに設立する株式会社に取得させることをいう（2条32号）。

株式移転により、完全子会社となる会社の株主の有する株式は、株式移転により設立する完全親会社に移転し、完全子会社となる会社の株主は、完全親会社の株主、社債権者、新株予約権者または新株予約権付社債の社債権者となるか、あるいは完全親会社の株式等以外の財産の交付を受ける（774条2項・3項各号）。

③株式交付とは、株式会社が他の株式会社をその子会社(法務省令で定めるものに限る)とするために当該他の株式会社の株式を譲り受け、その株式の譲渡人に対してその株式の対価として自己の株式を交付することをいう（2

条 32 の 2 号）。

◆　株式交換・株式移転・株式交付の目的　　規制緩和、経済構造の変革によって企業がその組織形態を機動的に見直すことができる仕組みが求められた。しかし、親会社になろうとする会社が、子会社となる事業会社の株主から全株式を買い取るという従来の親子会社形成の方法では多額の買収資金の準備が必要であり、また、子会社となる会社の全株主の協力が必要となるにもかかわらずその保証がないことなど、デメリットが多かった。

　そこで、人材、組織、資本を機動的に再配分して完全親子会社関係を円滑に創設するために株式交換・株式移転さらには株式交付の制度が制定された。

◆　当事会社　　株式交換・株式移転については、合名会社・合資会社は株式交換における完全親会社となる会社になることができず、持分会社（合同会社を含めて）は株式移転における完全親会社となる新設会社になれない（767 条、772 条）。また、持分会社および外国会社は、株式交付により親子会社関係を形成する場合の株式交付子会社とすることはできない。

2　株式交換・株式移転・株式交付の手続

※　合併や会社分割の場合と同様である。

（1）株式交換契約の締結、株式移転計画の作成（株式交換:767 条、768 条。株式移転:772 条、773 条）　または株式交付計画の作成（774 条の 2）

（2）①株式交換契約、株式移転計画または株式交付計画に関する書面等の備置（782 条 1 項、794 条 1 項、803 条 1 項、816 条の 2 第 1 項）

　②備置書面等の閲覧、謄本または抄本等の交付請求（782 条 3 項、794 条3 項、803 条 1 項、816 条の 2 第 3 項）

（3）①株式交換契約、株式移転計画、または株式交付計画の承認等　　…

原則として、効力発生日の前日までに、各会社において、株主総会の特別決議による承認を受けなければならない（783条1項、795条1項、804条、816条の3第1項）。

②取締役の説明義務（795条2項3号、816条の3第2項）

③登録株式質権者等への通知（783条5項、6項）

（4）株式等の買取請求権

①株式買取請求権　…　株式交換・株式移転・株式交付の場合にも、当事会社の反対株主は、株式買取請求権を有する（785条、786条、797条、798条、806条、807条、816条の6）。

②新株予約権買取請求権　…　株式交換・株式移転において新株予約権買取請求権が発生するのは、完全子会社となる会社の新株予約権であって、(i) 株式交換契約新株予約権・株式移転計画新株予約権のうち完全親会社から交付される新株予約権の内容等が元来その権利内容として定められていた承継要件（236条1項8号）に合致するもの以外のもの、または(ii)新株予約権の内容として株式交換・株式移転の際にそれに代わる完全親会社の新株予約権が交付される旨が定められていながら、その扱いがされないものをいう（787条1項3号）。

（5）債権者保護手続

①総説　…　株式交換・株式移転がなされる場合に、完全子会社となる会社の債権者については、株式交換契約新株予約権者・株式移転計画新株予約権者を除き、その地位に変動はない。また、完全親会社となる会社についても、完全子会社となる会社の株主に対し同社の株式を交付する限り、財産状態の悪化は生じないはずである。そこで、当事会社に債権者の異議手続が要求されるのは、次の場合に限定される。ちなみに株式交付親会社の株主および債権者の保護については、部分的な株式交換として、株式交換と同様の規定を

設けている（816 条の 8）。 また、株式交付子会社については、株式の譲渡人以外の株主を保護するため特別の規定を設けていない。

②完全子会社 … 株式交換・株式移転により、完全子会社となる会社に要求される債権者の異議手続は、株式交換契約新株予約権・株式移転計画新株予約権が新株予約権付社債に付されたものである場合に、当該社債権者を対象とするものである（789 条 1 項 3 号、810 条 1 項 3 号）。当該債権者にとっては、免責的債務引受または債務者の交替による更改となるからである。

③完全親会社 … （a）完全親会社の株式以外の交付 ⇒株式交換において、完全親会社が完全子会社の株主に対して交付する金銭等が、完全親会社の株式その他法務省令（施行規則 198 条）で定めるもののみである場合以外における株式交換完全親会社の債権者に対しては、完全親会社は、債権者の異議手続を行う必要がある（799 条 1 項 3 号）。株式交換により完全親会社が取得する完全子会社株式が無価値でも、株式を交付している限り完全親会社の財産状態は悪化しないが、他の資産を交付するとその悪化が生じ得るからである。

（b）新株予約権付社債の承継 ⇒完全親会社が、株式交換契約新株予約権として新株予約権付社債を承継する場合には、完全親会社の金銭債権が増加する。そこで、完全親会社の既存の債権者に対し、債権者の異議手続をとる必要がある（799 条 1 項 3 号）。

④その他 … 公告および催告手続（789 条 2 項、3 項、810 条 2 項、3 項、799 条 2 項、3 項）

（6）事後開示 791 条、801 条、815 条、816 条の 10

（7）株式移転の登記 925 条

3　株式交換・株式移転・株式交付の効果

（1）株式交換　①効力発生時期　　株式交換の効力は、株式交換契約に定めた「効力発生日」に生じる（769条）。完全親会社については、通常変更の登記が必要となる（915条）。

（②効果　完全親会社は、効力発生日に、完全子会社の発行済株式の全部を取得する（769条1項、2項、771条1項、2項）。完全子会社の株主・株式交換契約新株予約権の新株予約権者は、効力発生日に、株式交換契約の定めに従い完全親会社の株主・新株予約権者等になる（769条3項、4項、771条1項、2項）。

また、同じ日に、完全子会社の既存の株券・株式交換契約新株予約権に係る新株予約権証券（新株予約権付社債権）は、すべて無効となる（219条3項、293条3項）。

（2）株式移転　①効力発生時期　　株式移転が行われた場合には、925条所定の期間内に、株式移転設立完全親会社について、設立の登記をしなければならない（925条）。株式移転の効力は、株式移転設立完全親会社が設立の登記により設立されるときに生じる（774条）。

②効果　株式移転設立完全親会社（A）は、その成立の日に完全子会社（B）の発行済株式の全部を取得し、Bの株主は、同じ日に株式移転計画の定めに従いAの株主となる（774条1項、2項）。

株式移転計画新株予約権の新株予約権者は、株式移転計画の定めに従い、Aの新株予約権者となる（774条4項）。

Bの既存の株券・株式移転計画新株予約権に係る新株予約権証券（新株予約権付社債権）は、すべて無効となる。

（3）株式交付　⇒①　効力発生時期　　株式交付の効力は、株式交付計画で定めた効力発生日に生じる（774条の3第1項11号）。

② 効果 ⇒ 株式交付親会社は、株式交付計画で定めた効力発生日に、株式交付子会社の株式および新株予約権等の譲渡人となった者より、給付を受けた株式交付子会社の株式および新株予約権等を譲り受ける（774条の11第1項）。株式交付子会社の株主のうち、株式交付親会社に株式を給付した者は、株式交付計画の定めに従い、株式交付親会社の株主となる(同条2項)。

（4）事後の開示　株式交換・株式移転・株式交付の効力が生じた日後遅滞なく、完全親会社・完全子会社・株式交付親会社は、共同して、その行為により完全親会社が取得した完全子会社・株式交付親会社が譲り受けた・株式交付子会社の株式の数その他の株式交換・株式移転・株式交付に関する事項として法務省令で定める事項を記載・記録した書面・電磁的記録を作成し（791条1項2号、811条1項2号、816条の10第1項）、本店に備え置くとともに（801条3項、816条の10第2項）、閲覧・謄本・抄本交付請求に応じなければならない（801条6項、816条の10第3項）。

4　株式交換・株式移転・株式交付の無効の訴え

（1）意義　　株式交換・株式移転の手続に瑕疵があった場合についても、合併や会社分割と同様に、その解決を一般原則に委ねると法的安定性を害するので、会社法は、株式交換無効の訴え・株式移転無効の訴え・株式交付無効の訴えを用意し、無効の主張を制限する一方、無効の効果を画一的に確定し、その遡及効を否定している（828条第1項11号、12号、13号、838条、839条）。

（2）効果　　株式交換・株式移転・株式交付を無効とする判決が確定すると、完全親会社は株式交換・株式移転・株式交付で取得した株式を完全子会社の株主に戻さなければならない（844条、844条の2項第1項）。

※　株式交換・株式移転・株式交付についても、株主に差止請求権が認めら

れる（784条の2、796条の2、805条の2、816条の5）。

第4節　事業譲渡・組織変更・定款変更

1　事業譲渡

（1）規制の対象　　　①事業の全部または重要な一部の譲渡（467条1項1号、2号）

※「事業」　　一定の事業目的のために組織化され、社会的・経済的に活力を有する有機的一体として観念される事業用財産の総体

※※「事業の重要な一部」　　これは、株主の重大な利害に関わる事業再編か否かの観点から、量的および質的双方の側面で判断される。量的基準としては、譲渡資産の帳簿価額については形式的基準があるので、売上高・利益・従業員数等が問題となる。それらの諸要素が総合的にみて事業全体の10%程度を越えなければ、通常、重要と解されない（取引規制府令51条参照）。質的基準は、譲渡対象部分が量的に小さくても、沿革等から会社のイメージに大きな影響がある場合等に問題となる。それらの基準により「重要な一部」と認められても、譲渡資産の帳簿価額が当該会社の総資産額として法務省令（施行規則134条）で定める方法により算定される額の5分の1以下であれば、株主総会の特別決議を要しない（467条1項2号括弧書き）。

②事業全部の賃貸、経営の委任、他人との営業上の損益を共通にする契約、その他これに準ずる契約の締結、変更または解約（467条1項4号）

（a）「事業の全部の賃貸」　　これは、会社がその事業、すなわち有機的・組織的一体としての財産の全部を他人に賃貸する契約である。この契約により、賃借人は自己の名前と計算で、賃貸人である会社の営業全部について使用・収益をし、賃貸人にその賃料の支払いをすることになる。

（b）「経営委任」　　これは、会社がその事業全部の経営を他人に委任

する契約である。この契約により、受任者は委任会社に名前で事業の経営をすることができることになる点で、事業の賃貸借と異なる。

　（c）「他人との営業上の損益の全部を共通にする契約」　これは、会社が他人と一定期間における事業上の損益を合算し、それをあらかじめ定められた割合で各自に分配する契約である。

　③他の会社の事業全部の譲受（467条1項3号）

　これは、会社が他の会社の事業、すなわち有機的・組織的一体としての財産の全部を譲り受ける場合のことである。事業譲渡と同様に、重要な事業であっても、その一部を譲り受ける場合には、株主総会の決議を要しないことである（468条2項）。

　（2）規制の態様　事業譲渡等は、取引法上の債権契約にすぎない。しかし、かかる行為は、株主に重大な影響が及ぶという点においては合併と異ならないといえる。そこで、会社法は、①株主総会の特別決議を要求している（467条1項柱・309条2項11号）。また、②事業譲渡の通知・公告も必要である（469条3項、4項）。会社は、効力発生日の20日前までに、株主に対して事業譲渡等をする旨（他の会社の事業全部の譲受けをする場合に、譲り受ける資産に事業譲渡等をする会社の株式が含まれているときは、他の会社の事業全部の譲受けをする旨およびその株式に関する事項）を通知しなければならない（469条3項）。

　しかし、事業譲渡等をする会社が公開会社である場合または株主総会の決議により事業譲渡等の承認がされた場合は、公告をもって通知に代えることができる（469条4項）。この公告または通知は、株主に当該事業譲渡等の差止めや株式の買取りを請求する機会を与えるために要求される手続である。

　さらに、③反対株主に株式買取請求権を認めることにより（469条）、株主の利益を保護している。

（3）債権者保護の手続　　合併を行う場合には、債権者保護の手続が要求されるのに対して、事業譲渡等の場合には、債権者保護手続は定められていない。これは、事業譲渡等の場合には、債務引受の手続がなされない限り、譲渡会社は譲渡後も引き続き債務につき責任を負うため、債権者保護の要請が比較的小さいからである。

2　組織変更

　組織変更とは、株式会社がその組織を変更することにより合名会社、合資会社または合同会社となること、および合名会社、合資会社または合同会社がその組織を変更することにより株式会社となることをいう（2 条 26 号）。

　※　合名会社・合資会社・合同会社間での変更は、「持分会社の種類」の変更にすぎず、組織変更にはあたらない。

● 　手続は以下の通りである。

　（1）組織変更計画の作成（743 条）

　　　組織変更計画をもって定めるべき事項は、法定されている（744 条、746 条）。

　（2）組織変更計画の内容と法務省令事項の事前開示（775 条）

　（3）総株主の同意（776 条 1 項、781 条 1 項）

　（4）会社債権者保護手続（779 条、781 条 2 項）

　（5）組織変更の効力発生（745 条、747 条）

　　　組織変更計画で定めた効力発生日に組織変更の効力が発生する。

　（6）登記（920 条）

・　組織変更の無効　　組織変更無効の訴えによってのみ、無効を主張することができる（828 条 1 項 6 号）。無効とする確定判決には対世効がある。遡及効はない（838 条、839 条）

3 定款変更

　定款の変更とは、株式会社の根本規範である定款を変更する会社の行為である。定款の内容は、絶対的記載事項、相対的記載事項、任意的記載事項のいずれであっても、一定の手続を経て変更できる。

● 手続

(1) 株主総会決議

　①定款変更は、原則として、株主総会の特別決議ですることができる（466条、309条2項11号）。

　※　定款が会社の組織・活動を定める根本規範であることから、その変更に厳格な要件を課することによって、株主の利益を保護し、もってその根本規範性を高めることにある。

　②株主総会決議を要しない場合　　→定款変更をしても株主に格段の不利益を生ぜしめない場合には、株主総会の決議は不要とされる。

　　(a) 株式分割の際の分割比率に応じた発行可能株式総数の増加（184条2項）

　　(b) 株式分割の際の単元株式数の変更（191条）

　　(c) 単元株式数の減少・単元株式数についての定款の定めの廃止（195条1項）

　③株主総会の特殊の決議を要する場合　　　(a) 株式譲渡制限の新設（309条3項1号）

　※　株式の換価に煩雑な手続が必要となり、かつ、その価格も下落する可能性があり、株主に重大な影響を与える。

　　(b) 剰余金の配当等についての格別の定めに関する定款変更（309条4項）

　※　株主平等原則の例外を定める定款の変更であり、株主に重大な影響を与える。

④通常の定款変更決議の他に、種類株主総会の決議を要する場合

　（a）譲渡制限株式あるいは取得条項付種類株式とする定めの新設（111条2項）。

　（b）株式の種類の追加等の場合において、ある種類の株式の種類株主に損害を及ぼすおそれがあるとき（322条1項）。

⑤通常の定款変更手続の他に、その種類株式を有する株主全員の同意を要する場合

　（a）発行する全部の株式または既発行のある種類株式を取得条項付株式・取得条項付種類株式とする定款変更（110条、111条）

※　発行する全部の株式を取得条項付株式とすることは、強制取得により株主が株主でなくなることを意味し、株主の権利の根幹に影響を与えることから、株主の同意を要求することにより株主の利益を保護するため。

　（b）一定の行為について法定種類株主総会の決議を要しない旨を定める定款の定めを設ける定款変更（322条4項）

※　会社の一定の行為により損害を被るおそれのある種類の株式の種類株主を保護するために会社法322条1項においてその種類株主総会の決議が必要であると定められている以上、かかる規定と異なる定款の変更をすることによって害されるその種類株主の利益を保護しようとするため。

　（c）特定の株主からの自己株式取得に際して他の株主に売主追加請求権を与えない旨の定款の定めを設ける定款変更（164条2項）

※　当該株式会社による自己株式の取得という株主にとって重要な投下資本回収の機会を、株主間において不平等な形で制限することになるため、これにより害されるおそれのある株主全員の利益を保護するため。

(2)株式買取請求権

これは、会社の基礎の変更等の行為に反対する株主が会社に対し自己の

有する株式を公正な価格で買い取ることを請求することにより、投下資本回収を図る権利である（116条）。

　・行使要件　　a）株式買取請求権　→　株主が株式買取請求権を行使するには、定款変更を決議する株主総会・種類株主総会において議決権を行使できる株主は、当該総会に先立って当該行為（定款の変更）に反対する旨を会社に対し通知し、かつ総会において当該行為に反対しなければならない（116条2項1号イ）。

　会社は当該行為が効力を生じる日の20日前までに、株式買取請求の対象となる株式の（種類）株主に対し、当該行為する旨を通知し、または公告しなければならない（同条3項、4項）。

　株式買取請求をする株主は、当該行為の効力発生日20日前から前日までの間に、その請求に係る株式の種類・数を明らかにしてしなければならない（同条5項）。

　（b）新株予約権買取請求権　→　新株予約権買取請求権を行使する新株予約権者には、権利行使前に反対する旨の通知をする義務は課されていない。

　会社は、当該行為（定款の変更）が効力を生じる日の20日前までに、対象新株予約権の新株予約権者に対し、当該行為をする旨を通知し、または公告しなければならない（118条3項、4項）。

　新株予約権買取請求をする新株予約権者は、当該行為の効力発生日の20日から前日までの間に、その請求に係る新株予約権の内容・数を明らかにしてしなければならない（同条5項）。新株予約権付社債に付された新株予約権の新株予約権者は、別段の定めがある場合を除き、社債の買い取りも請求しなければならない（同条2項）。

　・買取請求権の効果　　株主が適法に株式買取請求をしたときは、会社に、

その株式を公正な価格で買い取るべき義務が生じる。

(3)効力の発生

　株主総会の決議により、当然に効力を生じる。

　※　書面（または電磁的記録）としての定款を書き替えたり、その事項が登記事項であるときには変更登記をしたりしなければならないが、これらの手続は定款変更の効力発生要件ではない。

第5節　簡易組織再編・略式組織再編

1　簡易手続による合併・略式手続による合併

(1)簡易手続による合併

　以下の①〜④の要件を満たす場合においては、吸収合併存続株式会社の株主に与える影響（株式の経済的価値および持分比率の変動）が軽微であり、また、株主総会の招集のための時間と費用を節約する趣旨から、吸収合併存続株式会社については、原則として、合併についての株主総会の承認決議を省略することができる（796条2項）。なお、消滅会社については、通常の合併手続（株主総会の特別決議による承認）が必要となる。

　①　吸収合併消滅会社の株主または社員に交付する。

　(i)　吸収合併存続株式会社の株式の数に1株当たり純資産額を乗じて得た額、

　(ii)　吸収合併存続株式会社の社債、新株予約権または新株予約権付社債の帳簿価額の合計額、および

　(iii)　吸収合併存続株式会社の株式等以外の財産の帳簿価額

の合計額が、吸収合併存続株式会社の純資産額として法務省令で定める方法により算定される額の5分の1（これを下回る割合を存続株式会社の定款で定めた場合にあっては、その割合）を超えないこと。

② 795条2項各号に掲げる場合に該当しないこと。

　具体的には、①存続会社が承継する消滅会社の債務額が、存続会社が消滅会社から承継する資産額を超える場合（同1号）、②存続会社が消滅会社の株主に対して交付する金銭等（存続会社の株式を除く）の帳簿価額が「承継資産額−承継債務額」を超える場合（同2号）のいずれにも該当しないことが必要である。

　③　合併対価として吸収合併存続株式会社の譲渡制限株式が含まれないこと。

　④　吸収合併存続株式会社が公開会社であること。

(2)略式手続による合併

①　存続会社が特別支配会社である場合

　存続会社が、468条1項にいう消滅株式会社の特別支配会社（ある株式会社の総株主の議決権の10分の9—これを上回る割合を当該株式会社の定款で定めた場合にあってはその割合—以上を他の会社および当該他の会社が発行済株式の全部を有する株式会社その他これに準ずるものとして法務省令（施行規則136条）で定める法人が有している場合における当該他の会社）である場合には、当該消滅株式会社においては、原則として、当該吸収合併契約についての株主総会による承認決議を要しない（784条1項本文）。

　このような手続が認められるのは、前記の要件を満たすような支配関係のある会社間においては、通常の手続（当該組織再編行為に係る株主総会の承認決議）が成立するのは確実であることから、総会招集の時間や費用を節約することに合理性があるからである。

　もっとも、(i) 合併対価に譲渡制限株式が含まれる場合であって、(ii) 消滅株式会社が公開会社、かつ、種類株式発行会社でないときは、吸収合併消滅株式会社における株主総会の承認決議が必要となる（784条1項但書）。

　また、略式手続による吸収合併の場合においては、簡易手続による場合とは異なり、株主による差止請求が認められている。すなわち、（i）当該吸収合併が、法令または定款に違反する場合、（ii）当該吸収合併の内容が存続会社または消滅株式会社の財産状況その他の事情に照らして著しく不当である場合のいずれかに該当する場合において、当該吸収合併により不利益をうけるおそれのある消滅株式会社の株主は、消滅株式会社に対して、当該吸収合併をやめることを請求することができる（784条の2）。

　②　消滅会社が特別支配会社である場合の略式手続

　消滅会社が、存続株式会社の特別支配会社である場合には、存続株式会社において当該合併に関する株主総会の承認決議を要しない（796条1項本文）。

　もっとも、吸収合併消滅株式会社の株主、吸収合併消滅持分会社の社員に交付する金銭等の全部または一部が存続株式会社の譲渡制限株式であり、かつ、当該存続株式会社が公開会社でない場合においては、原則通り、株主総会による承認決議が必要となる（796条1項但書）。

　また、消滅会社が特別支配会社である場合の略式手続においても、法令または定款に違反する場合、または②当該吸収合併の内容が、存続株式会社または消滅会社の財産の状況その他の事情に照らして著しく不当である場合においては、当該吸収合併により不利益を受けるおそれのある存続株式会社の株主は、存続株式会社に対して、当該吸収合併をやめることを請求することができる（796条の2）。

(3)差止請求（784条の2、796条の2）

　以上のように、略式手続ができる場合において、株主に差止請求が認められた。これは、存続会社または消滅会社の株主の保護を図ったものである。

2　簡易手続による会社分割・略式手続による会社分割

(1)吸収分割の場合

① 簡易手続による吸収分割

（a）分割会社における簡易な会社分割

吸収分割により吸収分割承継会社に承継させる資産の帳簿価額の合計額が分割会社の総資産額として法務省令で定める方法により算定される額の5分の1（これを下回る割合を分割会社の定款で定めた場合には、その割合）を超えない場合には、分割会社においては、当該会社分割についての株主総会の特別決議による承認を要しない（784条2項、施行規則187条）。

（b） 承継会社における簡易な会社分割

以下の要件を満たす場合においては、吸収分割承継株式会社の株主にとって、会社分割による損害は少ないものとみられ、また、株主総会の招集のための時間と費用を節約する趣旨から、吸収分割承継株式会社については、原則として、当該会社分割についての株主総会の承認決議を省略することができる（796条2項）。

（イ）分割会社に対して交付する、

　（i）　吸収分割承継株式会社の株式の数に1株当たり純資産額を乗じて得た額、

　（ii）　吸収分割承継株式会社の社債、新株予約権または新株予約権付社債の帳簿価額の合計額、および

　（iii）　吸収分割承継株式会社の株式等以外の財産の帳簿価額

の合計額が、承継会社の純資産額として法務省令で定める方法により算定される額の5分の1（これを下回る割合を承継会社の定款で定めた場合にあっては、その割合）を超えない場合であって、

（ロ）795条2項各号に掲げる場合に該当せず、

（ハ）分割対価が吸収分割承継株式会社の譲渡制限株式ではなく、吸収分割承継株式会社が公開会社であること

② 略式手続による吸収分割

（a）吸収分割承継会社が特別支配会社である場合の略式手続

吸収分割承継会社が468条1項にいう吸収分割株式会社の特別支配会社である場合には、当該吸収分割株式会社等においては、原則として、当該吸収分割契約についての株主総会による承認決議を要しない（784条1項本文）。

このような手続きが認められるのは、前記の要件を満たすような支配関係のある会社間においては、通常の手続（当該組織再編行為に係る株主総会の承認決議）が成立するのは確実であることから、総会招集の時間や費用を節約することに合理性があるからである。

（b）吸収分割株式会社が特別支配会社である場合の略式手続

吸収分割株式会社が、吸収分割承継会社の特別支配会社である場合には、吸収分割承継会社において、当該合併等に関する株主総会の承認決議を要しない（796条1項本文）。

（c）差止請求

略式手続においては、株主による差止請求が認められている。すなわち、①当該略式分割が法令または定款に違反する場合、または②吸収分割契約に定める内容が、当事会社の財産状況その他の事情に照らして著しく不当である場合において、不利益を受けるおそれのある従属会社の株主は、従属会社に対して、その差止めを請求することができる（784条の2、796条の2）。

(2)新設分割の場合

① 簡易手続による新設分割（805条。施行規則207条）

新設会社に承継される資産の帳簿価格の合計額が分割会社の純資産額と

して法務省令で定める方法（施行規則 207 条）により算定される額の 5 分の 1（定款でこれを下回る価格を定め得る）を超えない場合には、株主総会の決議による承認を要しない（805 条）。

② 略式手続による新設分割

新設分割においては略式分割はない。吸収分割と異なり、「特別支配会社」という概念が存在しないからである。

3 簡易手続・略式手続による株式交換

(1)簡易手続による株式交換

以下の要件を満たす場合においては、株式交換完全親株式会社となる会社の株主に与える影響（株式の経済的価値および持分比率の変動）が軽微であり、また、株主総会の招集のための時間と費用を節約する趣旨から、株式交換完全親株式会社となる会社については、原則として、当該株式交換についての株主総会の承認決議を省略することができる（796 条）。なお、株式交換完全子会社となる会社については、通常の株式交換手続（株主総会の特別決議による承認）が必要となる。

① 株式交換完全子会社となる会社の株主に対して交付する、

(i) 株式交換完全親会社となる会社の株式の数に 1 株当たり純資産額を乗じて得た額、

(ii) 株式交換完全親株式会社となる会社の社債、新株予約権または新株予約権付社債の帳簿価額の合計額、および

(iii) 株式交換完全親株式会社となる会社の株式等以外の財産の帳簿価額の合計額が、株式交換完全親株式会社となる会社の純資産額として法務省令で定める方法により算定される額の 5 分の 1（これを下回る割合を株式交換完全親株式会社となる会社の定款で定めた場合にあっては、その割合）を

超えない場合であること。

② 株式交換による差損が生ずる場合でないこと。

③ 株式交換対価が株式交換完全親株式会社の譲渡制限株式でないこと。

④ 完全親会社が公開会社であること。

(2)略式手続による株式交換(784条1項、796条1項)

① 手続

株式交換の当事会社の一方が他方（従属会社）の特別支配会社である場合には、従属会社における株式交換承認の株主総会決議を必要としない（784条1項本文、796条1項本文）

② 差止請求

（i）略式株式交換が法令・定款に違反する場合、または（ii）株式交換の条件が当事会社の財産状況その他の事情に照らして著しく不当な場合であって、従属会社の株主が不利益を受けるおそれがあるときは、従属会社の株主は、従属会社に対し、その差止めを請求することができる（784条の2、796条の2）。

株式移転においては、簡易手続および特別支配会社がありえず、簡易手続、略式手続についての規定は存在しない。

4　簡易手続による株式交付

株式交付にも株式交付親会社における株主総会の承認決議が不要となる簡易手続がある。簡易手続が認められるのは、株式交付親会社の株主に与える影響が小さいと考えられる場合である。すなわち、株式交付親会社が株式交付子会社の株主・新株予約権者等に交付する対価の帳簿価額（1株当たりの純資産額に交付する株式数を乗じて得た額）の総額が、株式交付親会社の純資産額(施行規則213条の5)の5分の1を超えない場合である（816

条の4第1項本文)。5分の1は定款で引き下げることができる。

　※ただし、①株式交付によって株式交付親会社に「差損」が生じる場合、② 株式交付親会社が公開会社でない場合、③ 株式交付親会社の株主の一定割合（施行規則213条の6）が株式交付に反対する旨を会社に通知した場合には、原則どおり、株主総会の特別決議が必要である（816条の4第1項但し書き・2項）。

5 事業譲渡等の承認を要しない場合

(1)簡易手続による事業譲渡等

　事業の全部の譲受けの対価として交付する財産の帳簿価額の合計額が譲受会社の純資産額として法務省令で定める方法により算定される額の5分の1（定款に別段の定めがある場合を除く）以下の場合には、譲受会社の株主に与える影響が小さいことから、手続の簡素化を図るため、株主総会の特別決議を要しない（468条2項）。

　しかし、法務省令（施行規則138条）で定める数の株式を有する株主が、株式買取請求の機会を与えるための通知または公告日から2週間以内に、簡易な方法による事業の全部の譲受けに反対する旨を当該行為をする株式会社に対し通知したときは、当該株式会社は効力発生日の前日までに、株主総会の決議による契約の承認を受けなければならない（468条3項）。

　なお、事業の重要な一部の譲渡において、吸収分割等の簡易手続による組織再編（784条2項）と同じく、当該譲渡により譲渡する資産の帳簿価額が当該株式会社の総資産額として法務省令で定める方法により算定される額の5分の1（定款に別段の定めがある場合を除く）を超えない場合には、株主総会の特別決議を要しない（467条1項2号、施行規則134条）。

(2)略式手続による事業譲渡等

　合併等と同様に略式手続による組織再編の制度を導入し、事業の全部もしくは重要な一部の譲渡または事業の全部の譲受け等にかかる契約の相手方が当該事業譲渡等をする株式会社の特別支配会社である場合には、株主総会の特別決議を要しない（468条1項、施行規則136条）。このような支配関係のある会社間で組織再編行為を行う場合には、その組織再編行為等に係る承認決議の成立が確実視され、総会招集の費用等を節約できるためである。

第10章

会社の清算・解散

ほとんどの会社は、ほぼ永続的に存続して活動し続けるが、なかには一定の事由により消滅し、活動を停止する会社もある。

1　解散

1)意義;解散とは、会社の法人格の消滅を来すべき原因たる法律事実のことをいう。

　合併による解散の場合を除き、会社の法人格は解散により直ちに消滅するのではなく、清算手続が結了したときに消滅する。

2)解散原因

①　定款で定めた存続期間の満了（471条1号）

②　定款で定めた解散の事由の発生（471条2号）

③　株主総会の決議─解散決議─（471条3号）（特別決議（309条2項11号）

④　合併（合併により当該株式会社が消滅する場合に限る）（471条4号）

⑤　破産手続開始の決定（471条5号）

⑥　休眠会社のみなし解散（472条）

⑦　解散命令※（824条1項）または解散判決　※※（833条1項）による解散を命ずる裁判

※　公益を確保するため会社の存立を許すことができないと認めるとき、法務大臣または株主、社員、債権者その他の利害関係人の申立てにより、会社の解散を命ずることができる。

※※　解散判決がなされるのは、持分会社・株式会社ともに「やむを得ない事由」がある場合に限られる（833条）。

「やむを得ない事由」とは、株主間の対立などがあるため、役員改選等による事態の打開も解散決議もできないような場合をいう。事態打開のために除名・退社

等をすることが公正かつ相当な手段ではない場合を含む（最判昭和 33 年 5 月 20 日民集 12 巻 7 号 1077 頁）。

　株式会社においては、さらに、「株式会社が業務の執行において著しく困難な状況に至り、当該株式会社に回復することができない損害が生じ、または生ずるおそれがあるとき」または「株式会社の財産の管理または処分が著しく失当で、当該株式会社の存立を危うくするとき」という要件が必要になる（833 条 1 項各号）。

　東京地判平成元年 7 月 18 日判時 1349 号 148 頁は、50%ずつの議決権を有する 2 派の株主間の対立があるために、役員改選等による事態の打開も解散決議もできないような場合には、833 条 1 項 1 号の要件が認められるとした。

　総株主（株主総会において決議をすることができる事項の全部につき議決権を行使することができない株主を除く）の議決権の 10 分の 1（これを下回る割合を定款で定めた場合にはその割合）以上の議決権を有する株主または発行済株式（自己株式を除く）の 10 分の 1（これを下回る割合を定款で定めた場合にはその割合）以上の数の株式を有する株主は、株式会社を被告として、訴えをもって株式会社の解散を請求することができる。

3）解散の効果

　①　清算手続）　解散により株式会社は、合併および破産手続開始の決定により解散した場合であって当該破産手続が終了していない場合を除き、清算手続に入る（475 条 1 号）。

　②　解散の公示）　合併、破産手続開始決定、解散命令および解散判決の場合を除いて、2 週間以内に本店の所在地において、解散の登記をすることを要する（926 条）。

　③　会社の継続）　(a) 意義:会社の継続とは、解散後の清算株式会社が、将来に向かって存続中の会社に復帰することである。

　(b) 要件:存続期間の満了（471 条 1 号）、その他定款に定めた事由の

233

発生（同条2号）、または株主総会の決議（同条3号）により解散した場合には、株主総会の特別決議により、会社を継続することができる（473条・309条2項11号）。

4）休眠会社のみなし解散

休眠会社とは、株式会社であって、その株式会社に関する登記が最後にあった日から12年を経過したものをいう（472条1項本文括弧書）。12年間に1度も登記をしていない株式会社は、法務大臣が事業を廃止していないことの届出をするように官報で公告し（472条1項本文）、登記所は、株式会社に対し、公告があった旨の通知をする（472条2項）。事業を廃止していないことの届出か、休眠会社に関する登記を、公告の日から2ヵ月以内にすればよいが、どちらもせずに放置すると、2ヵ月を経過した日にその株式会社は解散されたものとみなされる（472条1項）。なお、解散したものとみなされた株式会社であっても、3年以内に会社継続の決議をすることにより、解散前の状態に復帰することができる（473条）。

2　清算

1）清算の意義

清算とは、解散した会社につき法律関係を整理し、会社財産を換価分配するための後始末をすることをいう。

株式会社の清算は、持分会社の場合（合同会社を除く）と異なり、任意の方法で財産を処分する任意清算（668条）は認められず、法定清算による。法定清算には、通常清算と財産状態の不良な会社について裁判所の厳重な監督のもとに行われる特別清算とがある。

※　清算事務は清算人が行うが、清算人は、定款で定める者または株主総会の決議によって選任された者がある場合を除いて、解散時の取締役がそのまま清

算人になる（478 条 1 項 1 号。法定清算人）。この方法で清算人になる者がいないときは、裁判所が、利害関係人の申立てにより清算人を選任する（478 条 2 項）。清算人は 1 人でもよく（477 条 1 項）、清算人に任期はない。なお、公開会社または大会社で監査等委員会設置会社であったものが清算株式会社となった場合は、監査等委員である取締役が監査役となる（477 条 5 項）。また、公開会社または大会社で指名委員会等設置会社であったものが清算株式会社となった場合は、監査委員が監査役となる（477 条 6 項）。

2）清算中の会社

株式会社が解散したときは、合併および破産手続開始決定の場合を除き、清算手続に入るが（475 条 1 号）、会社は清算の目的の範囲内でなお存続するとみなされる（476 条）。すなわち、会社は解散により直ちに消滅するのではなく、清算手続中も、会社をめぐるすべての権利義務を処理し、株主に残余財産を分配することを目的とする会社として存続する。

※ 清算株式会社は、解散前の株式会社と同一の株式会社がそのまま存続し、ただ、その権利能力の範囲が清算を目的とするものに縮小されると解される（同一会社説）。したがって、事業活動などはできない。

※※ 清算手続 ①解散の時点で継続中の事務および取引関係の完結。②弁済期の到来した債権を取り立て、金銭以外の財産は換価し、債務の弁済をする。その方法としては、2 ヵ月以上の一定の期間内に債権の申し出をするよう催告し（清算開始後遅滞なく官報で公告する）、この期間経過後に、申し出た債権者と知れている債権者の全員に弁済する（499 条から 501 条まで）。それ以外の債権者は、清算から除斥される（503 条 1 項）。

③その結果、残余財産があれば、清算株式会社は、株主に対し、原則として持株数に比例して分配する（504 条から 506 条まで）。清算株式会社は、債務を会社債権者に弁済した後でなければ、残余財産を株主に分配することができないが

（502条本文）、その存否または額について争いのある債権にかかる債務について
は、弁済に必要な財産を留保して、残余財産を分配してもよい（502条ただし書き）。

3）清算の終了

清算手続が進行して、会社債務の弁済・残余財産の分配が終了し、株主
総会で決算報告書の承認（507条3項）がなされれば、清算は結了して、こ
の承認の後、2週間以内に清算結了の登記をすることを要する（929条）。

※　なお、清算人等は清算株式会社の本店の所在地における清算決了の
登記の時から10年間、帳簿資料を保存しなければならない（508条1項）。

3　会社更生・特別清算

財産状態が不良な株式会社について、裁判所の監督のもとで、会社の株主・
債権者の保護を全うするとともに、一部債権者による利己的な妨害行為を排除
するための制度として、会社更生・特別清算が設けられている。

1）会社更生の意義

会社更生とは、株式会社に関して、利害関係人の利益を調整しつつ、企
業の維持更生を図ることを目的とする制度のことをいう（会社更生法）。

2）特別清算の意義

特別清算とは、清算中の株式会社に、清算の遂行に著しい支障をきたすべ
き事情、または債務超過の疑いがあると認められる場合に、裁判所の命令（特
別清算開始命令）により、通常清算の場合よりも厳重な裁判所の監督のもとに
行われる特別な清算手続をいう（510条）。ここにいう債務超過とは、清算株
式会社の財産がその債務を完済するに足りない状態をいう（510条2号括弧
書き）。

※　特別清算が結了し、または必要がなくなったときは、裁判所は特別清算終
結の決定する（573条）。特別清算の結了による終結決定の場合は、清算株式会

社は消滅し、また、特別清算の必要がなくなったことによる終結決定の場合は、通常の清算手続に復帰する。

4　民事再生手続

　個人や、株式会社以外の法人企業、または小規模な株式会社において、債務者ないし経営者の事業経営・財産の管理処分権を維持しながら、債権者の法定多数の同意と裁判所の監督のもとで、企業の再建を進めることを企図している（民事再生法）。

《参考文献》

江頭憲治郎『株式会社法　第7版』（2017年、有斐閣）

川村正幸・仮屋広郷・酒井太郎『詳説　会社法』（2016年、中央経済社）

川村正幸・品谷篤哉・山田剛志・尾関幸美『コア・テキスト 会社法』（2020年、新世社）

神田秀樹『会社法　第25版』（2023年、有斐閣）

久保成史・田中裕明『会社法新講義』（2013年、中央経済社）

黒沼悦郎『会社法　第2版』（2020年、商事法務）

田中　亘『会社法　第4版』（2023年、東京大学出版会）

【著者略歴】　田中裕明（たなか　ひろあき）

1957年（昭和32年）名古屋市に生まれる

1988年（昭和63年）一橋大学大学院法学研究科博士後期課程単位取得
　　　　　　　　　　満期退学

現在　　　　　　　　神戸学院大学法学部教授

【著書】　主な著書

『市場支配力の濫用と規制の法理』（嵯峨野書院、2001年）

『新会社法』（編著、嵯峨野書院、2006年）

『新商法入門―企業取引と法―』（編著、嵯峨野書院、2006年）

『会社法新講義』（共著、中央経済社、2013年）

『独占禁止法講義　第3版』（共著、中央経済社、2014年）

『市場支配力濫用規制法理の展開』（日本評論社、2016年）

『要説　独占禁止法―経済法入門―』（晃洋書房、2017年）

『企業関係法の新潮流』（共著、中央経済社、2018年）

「要説　企業法」

発刊日　　2021 年 3 月 20 日
第 2 刷　　2023 年 7 月 1 日
著　者　　田中裕明 ⓒ
装　丁　　二宮　光 ⓒ
発行人　　中村　恵
発　行　　神戸学院大学出版会

発　売　　株式会社エピック
　　　　　651－0093　神戸市中央区二宮町 1－3－2
　　　　　電話 078（241）7561　FAX078（241）1918
　　　　　https://epic.jp　E-mail info@epic.jp
印刷所　　モリモト印刷株式会社